步印童书馆
Little Stepbooks

书 是 捧 在 手 里 的 梦 想

哲学猫

不可思议的哲学旅行

蔡志芹 著　猫十六 绘

海豚出版社
DOLPHIN BOOKS
CICG　中国国际传播集团

来吧，跟着一只神奇的猫

进入一场不可思议的哲学冒险
在这场旅行中你会遇见——

费小罗

一个小学六年级的大男孩，头发天生自来卷像妈妈，喜欢看科幻电影像爸爸。射手座，喜欢发问，也喜欢胡思乱想，喜欢乐高、拼图、机械。数学和语文很好，但是英语不太好。

索菲

一只神秘的哲学猫，来自一个以思考为能量的哲学世界，喜欢吃精神能量，瘦的时候像个小老头，胖的时候像只大海参。虽然它博学多闻，思想深邃，但本质还是一只猫。它来到地球的任务是带领喜欢思考的孩子进入哲学世界……

丁胖胖

金牛座，性格温和，是费小罗从小到大的好朋友。他和费小罗一样喜欢玩拼图，却因为是红绿色盲，常常分不清颜色。

林丽

狮子座，学习很好，很有主见，是费小罗的同桌。她的爸爸是大学教授，受爸爸的影响，林丽从小博学多识，在同学中人气很高，朋友很多。

妈妈

公司职员，完美主义者，很讨厌自己的头发自来卷，所以经常去美发店拉直。对费小罗要求很严格，想给他这个世界上最好的一切，却时常只从自己的角度出发，也很在意别人的评价。

爸爸

宠物医生，为人幽默乐观，富有爱心，经常收养小动物回家。跟费小罗像朋友一样相处。

目录

第 1 章

洞穴里的囚徒

（1）

费小罗是个怪孩子，见过他的人都会这样评价。

他有一头自来卷的短发，这遗传自他的妈妈，如果晚上睡觉不老实，第二天他的头发就会像用了很久的钢丝球一样乱糟糟的。和他的头发一样乱糟糟的还有他的大脑！作为一名小学六年级的学生，他既不喜欢打游戏，也不喜欢看动漫，只要有时间，他就会开始思考一些奇奇怪怪的问题，比如，地球为什么是圆的，而不是方的或者三角形的？世界上的人为什么会分成男人和女人？人类为什么不能像鱼一样生活在水里，或者像牛羊那样只吃草就活下去？……但这些问题常常没有答案。

最近他遇到了一件烦心事——有人在偷偷跟踪他。

"被人偷偷跟踪"这件事，费小罗以前也想象过。是的，只是想象。在他天马行空的想象中，他曾被外星人偷偷跟踪，然后被抓到太空船上做实验；他还曾被超级英雄们跟踪，并且被唤醒了他身上隐藏的超能力，最后超级英雄们邀请他一起组团打怪、保卫地球……

但这次绝对不是他想象出来的，他有许多证据。比如，去公园散步的时候，他所经过的草丛会时不时地沙沙作响；去便利店买零食的时候，会有一道可疑的影子在玻璃门边闪现；甚至在房间里写作业的时候，费小罗都能感受到有一双眼睛隔着窗户盯着他，可是每当他回头找的时候，却又什么都找不到。

费小罗把自己的烦恼告诉了爸爸，爸爸却哈哈大笑："小罗，你的这些'证据'不太可靠啊。公园里的草长得还没有你的小腿高，根本不可能藏下一个人；便利店门外的影子，很有可能是来来往往的路人的。至于隔着窗户盯着你就更不可能了，我们家可是住在八楼，这么高，能偷偷看你的恐怕只有超人或者蜘蛛侠了。"

看着爸爸哈哈大笑的样子，费小罗的烦心事变成了两件——他觉得最近有人在偷偷跟踪他；爸爸不相信，还把这当成了笑料。不过，费小罗还没烦恼多久，令他难以置信的事情就发生了。

那是两天后的一个晚上，爸爸带回来了一只猫。这倒没有什么奇怪的，因为费小罗的爸爸是一名宠物医生，他经常收留一些需要帮助的流浪猫和流浪狗，细心地为它们驱虫、治病，然后再为它们寻找收养者。

爸爸这次带回来的猫，长得有点丑。首先，它身

上的毛大部分是白色的，但脑袋顶上有两团黑毛，一左一右独立分布，中间露出白毛，如同秃顶了一样。不仅如此，它的嘴巴周围也有两撇黑毛，就像两撮小胡子……总之，越看越觉得这不像是猫，倒像是一位饱经沧桑的大叔。其次，这只猫实在太瘦了，脸尖尖的，爪子细细的，肚子也瘪瘪的，一点也不圆润可爱！

并不可爱的流浪猫一见到费小罗，就立刻跑到他的脚边磨蹭了起来，还发出舒服的"咕噜咕噜"声。

爸爸觉得很意外："小罗，它好像特别喜欢你。猫可不是那种会随意亲近人类的动物，它们既胆小又谨慎，除非特别喜欢或者特别有安全感的时候才会这样主动靠近。"

被一只小丑猫喜欢，费小罗并没有太高兴。再加上，爸爸前几天一直取笑他胡思乱想，此时的费小罗还不想和爸爸嘻嘻哈哈地打成一片，对他捡回来的猫也不想表现得太热情。他随意地摸了摸那只流浪猫，就回房睡觉了。

晚上，费小罗做了一个可怕的梦。他梦见自己正躺在街头表演胸口碎大石，他身上压着一块巨沉无比的石头，旁边站着一个人，正举着大铁锤准备朝自己抡过来……等他挣扎着从梦中醒来的时候，已经是第二天早晨了。一睁眼他就发现自己的被子上真的压着一团东西！虽然不是石头，但也很重，让他喘不过气来。费小罗吓了一跳，使劲一翻身，那东西就从被子上咕噜咕噜滚下来，发出"喵"的一声。

竟然是爸爸带回来的那只猫！

那猫十分灵活，眼看就要摔在地上了，却瞬间扭转身体，安稳地四脚落地。它舔了舔爪子，开口说道："早上好啊，费小罗。"

费小罗震惊了！他那个喜欢胡思乱想的小脑瓜也曾幻想过动物会说话的场景，但真的发生时，他还是不禁起了一身鸡皮疙瘩。

"你……你……你……"费小罗一时瞠目结舌。

"我？我叫索菲，是只哲学猫，喵。"

（2）

当一只猫开口说话的时候，你会有什么反应呢？反正费小罗当场被吓跑了。他手忙脚乱地从房间里跑出来，一边跑一边大叫："猫成精啦！猫成精啦！"

爸爸正在盛粥，被他的叫声吓得一哆嗦，粥都洒出来了。

"小罗，你这么大喊大叫，会吵到邻居的。"妈妈斥责道。

"可是……可是那只猫会说人话！它刚刚说话了！！"

此时，自称为"索菲"的猫正好走到了客厅。费小罗激动地指着它，声音不自觉地拔高了好几度："就是它，它刚刚跟我说话了，它说它叫索菲，不信你们听听！"

爸爸妈妈齐齐地望过去，只见瘦弱的猫咪"喵喵喵"叫了几声，便歪着脑袋无辜地看着他们。

爸爸忍不住笑出来："哈哈哈，我可听不懂它在说什么。小罗，你一定是因为整天胡思乱想，才会出现

'猫在跟你说话'这种幻觉。或者是你睡得太迷糊，把梦境当成了现实？"

费小罗有些生气："它真的说话了，你们一定要相信我啊！"

然而事与愿违，爸爸妈妈在场的时候，索菲没有再说一句话。它就像一只普通的猫那样，吃猫粮，刨猫砂，吃饱喝足之后，还悠哉游哉地趴在沙发的一角睡起了懒觉，以至于费小罗都开始自我怀疑了——难道刚才真的只是幻觉？

到了学校，费小罗也依然沉浸在震惊之中。他的大脑不停地回放猫开口说话的场景：它说它叫索菲，还说自己是一只哲学猫……可是哲学是什么呢？哲学猫又是什么猫呢？他听说过加菲猫、英国短毛猫、布偶猫、中华田园猫……就是没听说过什么哲学猫。

他还专门询问了自己的同桌林丽。林丽是班里有名的"百事通"，她的爸爸是大学老师，见多识广，常常给她讲很多有趣的故事和见闻，还带着她去世界各地游玩。如果世界上真的有哲学猫的话，那林丽一定听说过。

没想到身为"百事通"的林丽却摇了摇头。"没听说过。"过了一会儿她又补充道，"世界上真有这种猫吗？我只听说过哲学家，可从没听说过什么哲学猫。"

费小罗不死心："既然都有'哲学'两个字，说不定它们有什么关系呢？"

"哲学家是人，哲学猫是猫，能有什么关系？"

"那……那哲学家是什么样的人啊？"

"我也不太清楚，我只听我爸爸讲过一次。去年暑假我们全家去希腊旅游，然后我爸爸就说，很久很久以前，希腊曾出现了一位叫苏格拉底的哲学家。嗯，他的故事有点长，我现在也记不清楚了，大概就是他天天跑到街上向别人问一些奇奇怪怪的问题，估计问得大家都很烦吧，然后他就被关进了监狱，最后在监狱里被毒死了。"

"啊？这么惨啊。"费小罗莫名地有点失落，"那看来哲学家也不是什么很厉害的人啊。"

"谁知道呢，不过我想如果这个苏格拉底不是只知道问问题，而是像我爸爸那样每天去上班，估计就不会被抓进监狱了。"林丽说完后，还担忧地看了费小罗一眼，"我觉得你也得小心点，你平时就喜欢问一些奇奇怪怪的问题，万一你长大后也不小心成了一个哲学家，那岂不是完蛋啦！"

费小罗冷汗直流，原来喜欢问问题会有这么严重的后果。

想到这里，费小罗就觉得自己以后要更加警惕索菲，因为哲学家都那么危险了，那哲学猫也一定不简单。而且索菲明明会说话，却在爸爸妈妈面前伪装成一只普通的猫，它一定有什么不可告人的目的，真是狡猾。

"我还是离它远一点吧！"费小罗暗下决心。反正过一段时间爸爸应该就会给它找到新的领养人了，到时候管它会不会说话，有什么目的，都跟自己没关系了，所以只要忍过这段时间就好。

接下来的几天，费小

罗过得有点辛苦。他每天一
回家就能看见索菲，房子就
那么大，抬头不见低头见，
想要保持距离实在是不容
易。为了能离这只来历不明
的猫远一点，费小罗几乎一
到家就把自己锁在房间里，
除了吃饭和上厕所以外，能

不出房间就不出房间，生怕索菲会找上他，再说一些
奇怪的话。

　　事实证明，费小罗的努力还是有效果的。最开始，
索菲一见到他就想靠过来，但被费小罗躲了两天后，
它就没那么积极了。再等到一周后，索菲似乎已经放
弃了，就算看见费小罗，也没什么反应，自顾自地吃
猫粮、刨猫砂、睡沙发，过得十分淡然。

　　费小罗很得意，他觉得自己已经胜利在望。

　　直到两周后，也就是四月二十二日这一天，一切
终于变得不一样了。

（3）

四月二十二日这天是个周日，也是费小罗最好的朋友丁胖胖的生日。

费小罗决定送胖胖一幅拼图作为生日礼物。之所以会送拼图，是因为之前胖胖曾跟他说过自己从来没玩过拼图。当时费小罗还觉得很惊讶，拼图这么好玩，胖胖竟然没玩过！所以，他决定趁着这次生日为胖胖补上遗憾。

一到胖胖家，两个人就一起玩起了拼图。那幅拼图足足有一千片，十分复杂，两个人便商量好先将红色的碎片拼到一起，再拼其他颜色的碎片。可胖胖却总是找来许多绿色的碎片，费小罗觉得胖胖一定是在捣乱，但胖胖却十分委屈："我没有，我找来的都是红色的碎片啊。"

费小罗指着那些绿色碎片说道："可这些明明是绿色的。"

胖胖有些疑惑："是吗？在我看来它们没有任何区别。"

"红色和绿色的区别大着呢！只有瞎子才会看不出来。"

胖胖脸涨得通红，支支吾吾了一会儿，才终于说出了自己的"秘密"。原来他是红绿色盲，根本分不清红色和绿色。除了红色和绿色，他也同样分不清深红色和灰色，紫色和蓝色，这也是胖胖不玩拼图的原因，因为他几乎没有办法根据颜色找到拼图线索……不仅仅是拼图，生活中很多涉及颜色的东西，胖胖也很难感受到区别，也就是说，当费小罗看到绿色的树、红色的果实、黄色的花朵时，胖胖看到的完全是另一番混沌的颜色。

这让费小罗感到十分震惊——原来他和胖胖看到的世界根本不一样！

明明是同一个世界，却看到了两个不同的样子，那谁看到的世界才是真实的呢？或者，他们看到的都不是真实的，而另有一个真实的世界是他们的眼睛看不到的？

这个前所未有的巨大疑问让费小罗瞬间着迷了，他的大脑就像一台被点燃的发动机一样高速旋转，不停地思考，和胖胖一起玩游戏的时候在思考，吃生日蛋糕的时候在思考，回家的路上也在思考，思考到整个大脑都开始发热。

由于用脑过度，他一到家就昏昏沉沉地睡着了。睡之前他似乎感觉到索菲进了自己的房间，但由于太困了，他连睁眼的力气都没有，就迅速地进入了梦乡。

第二天醒来的时候，已经八点半了，上学都晚了。费小罗火急火燎地冲出房间，却发现爸爸妈妈竟然还在睡觉！他拍着门大喊："爸爸妈妈你们醒醒啊，快送我去上学，我已经迟到啦！"

爸爸推开门，睡眼惺忪地看着他："小罗你是不是睡蒙了，今天是周日，不用上学。"说完还指了指墙上的电子日历，上面正显示着"4月22日 周日"。

"这个日历一定是坏了，昨天才是周日，今天明明是周一啊！"

爸爸打了个哈欠："好啦好啦，你先回去睡个回笼觉吧，你今天十点不是还要去给胖胖过生日吗？再不睡可就没机会啦。"

费小罗快急死了，他不知道为什么爸爸的记性变得这么差："昨天才是胖胖的生日！爸爸你忘记啦，我还送了他一幅拼图作生日礼物呢！"

"哦？那可就奇怪了。"爸爸走到客厅的餐桌旁，顺手提起了一个包装精美的盒子，"那这幅拼图是谁的？啊，我知道了，你一定是在梦里把它送给胖胖的吧，哈哈哈！"

费小罗的大脑瞬间变得空白。这的确就是他昨天送给胖胖的拼图！上面还绑着他写给胖胖的生日卡片，明明昨天送出去了，怎么今天还完好无损地出现在他家里……难道，难道今天真的是周日，而他记忆中昨天发生的一切都是梦？！

但接下来的事情，却超出了费小罗的想象——这个新的四月二十二日所发生的一切，都跟他记忆中的几乎一模一样，如果昨天的一切只是梦，那这个梦一定是个强大的预知梦。

这些巧合让费小罗感到十分不安，晚上回到家躺在床上的时候，心脏还怦怦地跳。不过，他又迅速安慰自己："没事没事，说不定真的只是巧合，这一天过去就好了。"怕自己睡过头，他还定了一个七点的

闹钟。

第二天，费小罗醒过来的时候，已经八点半了。

闹钟没响吗？

他走出房间，发现家里静悄悄的，爸爸妈妈还在睡觉。顿时，他有了一种不好的预感。他慢慢转过身，看向客厅里的电子日历，只见上面赫然显示着"4月22日 周日"。

（4）

费小罗有了一个新烦恼——他被困在了四月二十二日这一天！

这听起来就像玄幻小说的情节，既诡异，又让人慌张，却偏偏就发生在了他身上。他明明已经过完了四月二十二日，可一觉醒来，睁开眼，日历上显示的依然是四月二十二日！相同的情节会轮番上演，比如他一定会在八点半醒来；他和胖胖在玩拼图时一定会发生争执；胖胖一定会告诉他自己是色盲，还会要求他为自己保守秘密；就连胖胖妈妈做的生日宴每次都是一模一样的……费小罗感觉自己困在了时间的牢笼中，而他的生活就仿佛按下了重播键，一遍一遍地重复，目前已经重复了整整七次。

可怕的是，费小罗发现除了他以外，大家都没有感觉出异常。

这到底是怎么一回事？难道被时间困住的人只有他一个吗？

等到第八次重复的时候，费小罗已经有些崩溃了，他对着爸爸妈妈大声喊道："你们真的没有感觉到我们在重复过四月二十二日这一天吗？"

爸爸显然不明白他为什么突然这么激动，但还是认真回答了他的问题："虽然工作很累的时候，我也会觉得每天都过得一个样，但那只是感觉。因为时间本身是不可能重复的，这种奇妙的事情只会发生在电影里。"

电影？这倒是给了费小罗不少提示。

他以前跟爸爸看过不少关于"时间循环"的电影，电影中的主人公会像他一样，突然开始重复过某一天，只有完成自己的使命，他们才能从时间的循环之中解脱出来。这些主人公的使命五花八门，有的是为了阻止灾难的发生，有的是为了找出杀人凶手，还有的是要找到自己心爱的人。

难道我也有什么了不得的使命？费小罗冥思苦想。

可是四月二十二日这一天实在是太普通了。这是一个再寻常不过的周日，既没有灾难，也没有事故，甚至连课都不用上。如果非要说有什么能让他感觉到特别的，那大概只有丁胖胖是色盲这一件事吧，因为这件事情，他开始怀疑自己看到的世界并不真实。但这个问题实在太大太抽象了，就算是喜欢思考的费小罗也找不到任何头绪，甚至这个问题可能根本没有答案。如果只有解决了这个问题才能走出困境，那他大概一辈子都要被困在四月二十二日了。

费小罗躺在自己的床上唉声叹气，此时的他已经是第九次从胖胖家回来了，他只希望自己能快点找到解除时间循环的方法，因为他实在不愿意再吃胖胖妈妈做的生日宴了，再好吃的东西，重复吃个七八次也会觉得腻得慌。

"我可以帮你呀，喵。"一个细细的声音突然传过来。

费小罗吓了一跳，整个人像弹簧一样从床上"嗖"地弹起来。他定睛一看，竟然是索菲，那只可疑的哲学猫！他差点忘了索菲会说话这件事。

"不需要的话就算了，你就这样一直重复过日子吧。"索菲抬了抬爪子，准备离开。

"等等！"费小罗的呼吸都变得急促了，"你……你也能感觉到时间在重复吗？"

"那当然，已经重复了八次。"

费小罗有种想哭的冲动，就像在荒岛上独居，突然间看见了同伴一样令人激动。虽然之前他的确有点讨厌和害怕索菲，但此情此景之下，他又觉得会说话的索菲就像夜里的灯塔一样，闪闪发光。

"太好了，太好了，我还以为只有我一个人能感觉到呢！你真的能帮我吗？你知道这到底是怎么一回事吗？"

索菲点点头。

"这件事解释起来有点复杂，就算我说了你可能也听不懂，不过我可以直接把结论告诉你——因为你的哲学思考没有完成，所以时间就一直停在这一天，直到你完成为止。这就像补考一样，只要你的考试不及格，就要一直补考下去。"

费小罗感到很无辜："什么哲学思考？我连哲学是什么都不知道，怎么会进行哲学思考呢？"

"哲学并不是什么神秘的东西，就算你不知道它，但只要你有一颗好奇心，也能进行哲学的思考。你不就一直在想自己看到的世界是不是真实的吗？这就是一个很棒的哲学问题，这也是你要完成的哲学思考！"

他果然没猜错！看来真的要把这个问题弄明白了，才能走出四月二十二日。想到这里，费小罗又有些气馁："可这个问题实在太大了，而我只是一个十二岁的小学生而已，我只能想到这里，再也想不下去了。唉，看来我要一辈子待在这里了。"

"我可以帮你。"

索菲让费小罗平躺在床上，它自己则趴在费小罗的胸口处："请看着我的眼睛。"

费小罗不明白索菲要干什么，但也只能照做。

索菲虽然不算是一只可爱的猫，却有一双漂亮的大眼睛。它的眼珠是蓝色的，但又不是纯蓝色，而是像波涛汹涌的大海或者群星璀璨的宇宙一样，让人捉摸不透。费小罗很快就被迷住了，他越看越深，仿佛要被那些神秘的蓝色吸进去了一样。突然，他眼前一黑，意识开始模糊……

等再次清醒的时候，费小罗发现自己和索菲正站在一间奇怪的圆形屋子里。屋子有些暗，正中央摆着一张桌子，桌子上放着九盏不亮的灯，除此以外什么都没有，空荡荡的，但四周的墙壁上却有数不清的门。这些门形状各异，大小不一，有的闪着光，有的上着锁，越看越奇怪。

"欢迎来到哲学的世界，喵。"索菲笑眯眯地说。

"我们刚刚不是在我的房间里吗，怎么一下子就到了这里？"费小罗好奇地问。虽然突然来到了陌生的地方，但他并没有很慌张，这些天发生的一连串的怪事，已经让他的承受能力变得十分强大了。

"这是我的特殊能力。我是一只哲学猫，只要通过眼神的接触，我就可以带你进入哲学的世界。你放心，这就像玩游戏一样安全，登录账号就能进入游戏的世界，只要你不想玩了，就可以随时退出，回到自己的世界。"

"所以……你就是我的游戏账号？"费小罗似懂非懂。

"你这么想也可以。"

索菲抬起爪子指着墙上的一扇蓝色的大门，说道："走吧，那扇门后面是可以给你哲学答案的地方。"

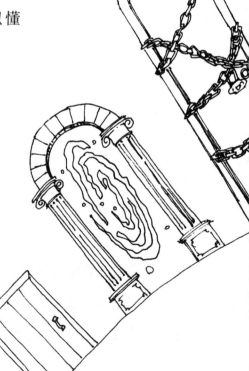

（5）

门的后面是一个巨大的洞穴。

洞穴的入口处站着一位留着大胡子和一头卷发的老人。他身上穿着白色的长袍，手里拿着一卷厚厚的纸，看见费小罗和索菲后，远远地冲着他们微笑。

"他是谁？好像认识我们。"费小罗好奇地问。

"他是柏拉图，古希腊最有名的哲学家之一，他也是我的老朋友。你快过去把你的疑问告诉他吧，这可是个千载难逢的好机会。"

费小罗不明白索菲说的"好机会"指的是什么，但还是照做了。他与这位柏拉图先生虽然是第一次见面，却天然地感到亲切，大概是因为他们俩都有一头卷发吧。

"柏拉图先生，请问我们用眼睛看到的世界一定是真实的吗？"

听了他的问题后，柏拉图转身向洞穴内走去："跟我来吧，少年。"

洞穴里看着很黑，费小罗有点犹豫，被索菲催促了几次后，他才战战兢兢地跟了进去。柏拉图走得很快，在经过一段黑暗且狭长的通道后，他们终于到达了洞穴最开阔的地方。这里燃烧着火把，洞穴内的一切能看得清清楚楚。

不过这个开阔的洞穴实在有点奇怪。它的正中间有一道一人高的矮墙，将整个洞穴分为东西两侧。先

说东侧，所有的火把都集中在最东侧的高台上，在火把和矮墙之间有一些穿着长袍的人举着各种各样的木偶在走来走去，而火光则将木偶的影子投射到了西侧的墙壁上。至于西侧，那里则坐着几个人，他们背靠着矮墙，对于东侧发生的一切一无所知，他们只是眼睛直直地盯着墙壁上的影子。

"这是在进行什么火把表演吗？"费小罗小声地问道。此时他们正站在洞穴里一个隐秘且便于观察的角落。

"当然不是，这其实是一个实验。那些穿着长袍、拿着木偶的人是帮忙完成实验的工作人员，你可以不用理会。真正的实验对象是西侧那些背靠着矮墙坐在地上的人！他们是从生下来就被关在这里的囚徒，头和脚都被锁链绑着，不能走动也不能转头，只能朝前看着墙壁上动来动去的影子。"

费小罗很惊讶："生下来就被关在这里？那岂不是从来没有见过外面的世界？这也太可怜了吧。"

柏拉图笑起来："你说到了重点，少年。这些囚徒从小到大看见的都只是墙壁上的影子，所以他们认为那些影子就是真实的世界。"

"可真实的世界并不是一些影子！他们显然是错的。"

"你会这样认为是因为你已经见过洞穴以外的世界了。假如你也是这些囚徒中的一员，一生下来看见的所有一切都是影子，你不会知道这个世界上还有别的东西，你也会觉得真实的世界就是影子的模样。"

费小罗无法辩驳。他想起了自己很小的时候，爸爸曾经送给他一只玩具熊，那只玩具熊看着特别可爱，小小的，毛茸茸的，摸起来还十分地柔软，他特别喜欢，甚至很长一段时间他都认为世界上的熊就长成这个样子。直到有一天爸爸带着他去动物园看了真正的熊，他才知道原来熊长得那么巨大，那么可怕，发怒的时候甚至能一巴掌将人拍死！

"唉，看来看到的并不一定就是真的，眼睛有的时候也会戏弄我们。"

柏拉图点点头："看来你已经明白了，眼睛是我们认识世界的重要的器官，但眼睛常常只能片面地看到事物的一个部分，如果你将这个部分当成全部的、真实的，那就一定会出错，而且会变得愚蠢，就像这些把影子当成真实世界的囚徒一样。"

费小罗看着那些被锁起来的囚徒，越发觉得他们可怜：

"柏拉图先生，我们把这些囚徒放出来吧，他们一辈子都在看着影子，实在太可怜了，也让他们认识一下外面的世界吧！"

柏拉图刚准备说什么，突然囚徒那边传来了一些声响。原来是其中一名囚徒的锁链断开了。这名囚徒转了转脖子，站了起来，朝着洞穴的外面走去。

费小罗赶紧跟上去，心里还有点兴奋，不知道这个一辈子只能看见影子的囚徒突然看到外面的世界会是什么反应。

那名囚徒穿过了一段黑暗且狭窄的通道后，终于走到了洞穴的外面。在那里，他停住了。这是一个完全陌生的明亮的世界，他一辈子只见过火光，所以就连太阳都不认识，至于太阳下那些生动的高山河流、鲜艳的树木花草更是让他心潮澎湃，舍不得眨眼，就连脚下的一颗不起眼的小石子都比他看了一辈子的影子要动人一万倍！

"原来世界是这个样子的！"囚徒流下了眼泪。

过了一会儿，囚徒突然又转身回到了洞穴。

"哎，你干吗回去啊？"费小罗没忍住冲出来问道。

囚徒愣了一下，说："我要把世界真实的样子告诉洞穴里的其他人。"

（6）

一回到洞穴，囚徒就立刻将自己的所见所闻告诉了其他人，并且提出墙上的影子都是假象，并不是世界真正的样子，鼓励大家解开锁链到洞穴外面看一看。

没想到的是，其他的囚徒都不为所动，甚至还有些生气：

"你是不是疯了？这些影子我们已经看了一辈子，怎么可能不是真实的呢？我们所有的生活都是围绕着影子转，我们谈论影子，交流影子，根据影子制定规则，就连你自己也是看着影子长大的，没有影子怎么会有现在的我们呢？"

"你们只是习惯了影子的存在而已，相信我，朋友们，只要你走出去就能知道我说的都是真的，而且影子也没有那么重要。"走出过洞穴的囚徒一边说一边揉眼睛。

其中一名囚徒发现了他的异常："你的眼睛怎么啦？"

"应该是被外面的光灼伤了，现在有点看不清了。你们知道吗？洞穴外面的世界十分明亮，比洞穴里的火光要明亮一百倍，所有的东西都是五颜六色的，漂亮极了……"走出过洞穴的囚徒忍着眼睛的不适，依然向自己的同伴描绘外面的世界。

其他囚徒却听得脸色大变："听见没有，他的眼睛已经被外面的光灼伤啦！我们千万不要出去，那一定是个极其危险的地方！"

另外一名囚徒也跟着附和："是呀，而且他说外面的世界明亮一百倍，那根本没有办法用眼睛看，果然还是看影子是最安全的。"

　　走出过洞穴的囚徒眼睛越来越难受，但他更难受的是同伴们的态度：

　　"你们为什么这么固执呢，为什么不愿意走出去看看呢！走出去你们就知道，现在的这些影子根本不值一提，没有人会在乎。"

　　"住口！"

　　"住口！"

　　"住口！"

　　…………

　　洞穴内的辩论还在进行，费小罗已经气得不行了："那些囚徒真是愚蠢，柏拉图先生，我们把他们全都拉到洞穴外面吧，让这些固执又愚蠢的人知道自己的错误！"

　　柏拉图依然只是笑一笑："你何必那么生气呢？其实我们每个人都是这个洞穴里的囚徒，大家都只相信自己看到的。有些真正有智慧的人愿意走出舒适地，去外面看一看，但大多数人都只愿意守着自己的洞穴，并把洞穴当作信仰，就算你把他们拉出去，他们也会固执地认为这些都是幻觉。唉！人生最大的遗憾，莫过于固执地相信不该相信的。"

"这实在太可怕了，我可不愿意成为洞穴里的人。"费小罗心想。

"我们出去吧。"柏拉图说完便和费小罗一起穿过黑暗的通道，重新回到光明的世界，索菲正在洞穴口的大树下等着他们。

"我的哲学课程就要结束了，你还有什么疑问吗？"

费小罗还真有个一见面就想问的小疑惑："我还有一个问题，柏拉图先生，其实也不算问题，我只是有点好奇，您的手里为什么一直拿着一卷纸啊？"

柏拉图先是愣了一下，然后笑了起来："哦，这是我刚刚从集市上买来的莎草纸，我打算将我的老师苏格拉底的哲学思想写成书，这样很久以后的人也能了解到他非凡的智慧。"

"苏格拉底？"费小罗立马回想起了同桌林丽给他讲过的苏格拉底的故事，"我知道苏格拉底，是不是那个因为老是向别人问问题而被抓进监狱，最后被毒死的悲惨哲学家？"

一直面带微笑的柏拉图听了他的话之后，顿时僵在了原地。

索菲也十分震惊，尾巴直甩："费小罗，你从哪里听来的故事？苏格拉底可是古希腊最伟大的哲学家之

一，怎么被你说得跟跳梁小丑一样！"

费小罗说完就后悔了，当时他也只是听同桌这么说，就当了真，自己根本没有查证过。

"对不起，柏拉图先生，我实在是太无知了！"

柏拉图伸手制止了他的道歉："我的老师常说，能认识到自己的无知，就是最大的智慧，你现在就已经拥有了最大的智慧。其实你不必道歉，我相信我的老师也不会介意，与他生前所遭受的恶意相比，你说的这些根本不算什么。"

柏拉图捋了捋胡子，突然问："你想知道那个走出过洞穴的囚徒最后怎么样了吗？"

费小罗点了点头，原来故事还有后续。

"那个人最后眼睛瞎了。但即使瞎了，他依然不停地向同伴们描述外面世界的美好，希望同伴也能走出洞穴，看见他所看见的世界。但他的同伴觉得他实在太吵太烦人了，就一起把他杀死了。"

说到这里，柏拉图沧桑而睿智的脸上闪过一丝难过的神情："我的老师苏格拉底就是那个曾经走出过洞穴的囚徒，他是为了真理而死。"

第 2 章

鲜花广场上的雕塑

（1）

与柏拉图分别后，费小罗在大树下站了好一会儿。

明明顺利地完成了第一次的哲学之旅，他却一点也高兴不起来。他原本以为洞穴里发生的一切都只是一场实验，是不会发生在现实中的，可柏拉图先生却说他的老师苏格拉底就是为了真理而死，正如那位走出过洞穴的人一样！想到这里，他的心里涌起了难以描述的陌生情绪。

索菲似乎没有觉察到他的异样，带着他径直走出了蓝色大门。

穿过大门，洞穴和草地的景色瞬间消失了，一切又回到了小屋的模样。索菲轻盈地跳上了小屋中间的桌子，在那九盏不亮的灯之间来回穿梭，最后停在最右边的一盏灯前。它突然间愣住了，歪着毛茸茸的脑

袋一脸疑惑："奇怪，这灯怎么不亮呢？"

"这些灯原本不就是不亮的吗？是不是没有插电？"

"不不不，这些是来自哲学世界的智慧之灯，根本不需要通电。只要你完成了哲学之旅，并且通过自己的思考获得了智慧，它自然就会亮起来。而只有它亮起来，时间的循环才会结束！现在你明明已经完成了第一次哲学之旅，可这第一盏灯却不亮，这种情况我还是第一次遇到……"

索菲突然直直地盯着费小罗："问题应该出在你身上，喵。"

哲学小屋里本来光线就暗，墙上还飘着一堆乱七八糟的门，此情此景之下，再被一只猫这么直勾勾地盯着，费小罗瞬间出了一身汗："说……说不定是灯坏了……"

"智慧之灯是不可能坏的，它不亮就只有一种可能——你的疑问并没有被解决！难道与柏拉图的这次哲学之旅没能解答你的疑惑吗？柏拉图可是古希腊最伟大的哲学家之一。"

"柏拉图先生当然帮我解决了原本的疑惑，只是……"费小罗吞吞吐吐起来，"只是我又有了更大的疑惑。我的确明白了眼睛看到的并不一定就是真的，如果固执地相信自己眼睛看到的，就会变成洞穴里的那群愚昧的人……可，可这一切真的有那么重要吗？"

这一切真的有那么重要吗？让费小罗沉默了一路的就是这个疑惑，一旦说出来就像打开了话匣子。

"这不是一个很简单的道理吗？就算我懂了，也没有因此就变得更厉害。而且，洞穴里发生的一切不就只是一场实验吗？这个世界上真的有人会因为不懂得这么简单的道理，就变成可怕的人，宁愿一辈子看影子，也不愿意走出洞穴，甚至要害死那个走出过洞穴的人吗？走出洞穴不是一件很简单的事情吗？只需要几步路而已啊！"

索菲为他一连串的疑问感到惊讶："你说得没错，这的确是一个很简单的道理。但往往越简单的道理就越容易被人们忽视，就像空气一样，你常常会忘记它对你有多么重要。不过，既然你有了新的疑惑，按照我们的约定，我就必须帮你解决。"

说完索菲跳下桌子，向着墙壁走去，墙上的那些门便立刻如同受惊的鱼群一般飞快地移动起来。等它走到墙根下，一扇锈迹斑斑的铁门从墙面上浮现出来，门上虽然印着热烈的火焰花纹，门缝里却透出了一阵阵与之不和谐的凉意。

"来吧，希望这扇新的大门能帮你解答心中的
疑惑。"

（2）

费小罗没有想到第二次旅行来得这么快。不过，
这次索菲并没有找来哲学家当导师，按照它的话来说，
这次是纯粹的观察模式。

此时他们一人一猫正站在一个看起来大约是礼堂
的地方，里面坐着一群身穿深色圆领外袍的男人，他
们个个神情凝重、眉头紧锁地盯着最前方的演讲台。

费小罗忍不住跟着紧张起来。他一推开那扇锈迹
斑斑的铁门就来到了这里，完全不知道要发生什么。

"这是哪里啊？他们又是谁？"费小罗压低声音
问，生怕引起其他人的注意。

"这里是四百多年前的牛津大学，坐着的那些都是
这所学校的学者。"索菲舔舔背毛，"你不用这么小声。
现在是纯粹的观察模式，他们既看不到我们，也听不

到我们讲话，这就像你去看电影一样，电影里的人是感受不到你这位观众的存在的。"

听索菲这么说，费小罗稍微安心了一些。因为那些坐着的人此刻的神情真的超级可怕，如果不小心惹了他们，仿佛能被一口吃掉似的。费小罗顺着这些人的眼神往前看，这才发现讲台上还站着一个人，看起来三四十岁的样子。

"哦！那个讲台上的人是不是他们的老师？难怪这些学生的表情这么可怕，一定是那位老师批评了他们！"费小罗想起了上周的数学课，那会儿刚刚结束了小考，他们班考得很不好，平时特别喜欢笑的数学老师在讲试卷的时候全程板着一张脸，全班同学大气都不敢出，气氛就如同现在一样紧张。

但索菲却摇摇头："这人并不是老师，他叫布鲁诺，是个意大利人，他只是过来演讲罢了。不过很显然，这里的学者们不太欢迎他。"

名叫布鲁诺的男子清了清嗓子，继续自己的演讲："我们所居住的地球并不是宇宙的中心，太阳不是围绕着地球转，正相反，是地球围绕着太阳转……"

台上的布鲁诺还没说完，台下的费小罗就忍不住笑出来。他心想：在大学里就讲这个吗？地球围着太阳转，这不是小学生都知道的常识嘛！也难怪这里的人会不欢迎他。

在座的人群也一阵骚动，其中一个人站起来大声指责布鲁诺："你在开玩笑吧！难道你没有眼睛吗？你看不见每天太阳升起又落下，落下又升起，你怎么能说它不是绕着地球转呢？"

其他人附和道："就算你没有看到，你难道没有读过亚里士多德的著作吗?！他写得清清楚楚，地球只有一个，它就是宇宙的中心，太阳和其他天体都围绕着这个独一无二的星球转。从古希腊到现在的一千多年里，没有人不知道这个道理！"

台上的布鲁诺反驳道："亚里士多德是一千多年前的人，他的论证并不是完美的。他认为宇宙是有限的，但实际上宇宙是无限的。在无限大的宇宙中，存在着无数的太阳，以及无数的围绕着各自太阳旋转的地球，而这些地球上也一定存在着和我们一样高贵的生命，如此一来，地球就根本不是唯一的……"

台下的人群更加愤怒了。

"请停止你的胡言乱语吧，你根本没有证据！"

"众所周知，地球是上帝为了人类生活而专门创造出来的，不会再有第二个了，它不是宇宙的中心，还能是什么？你不仅否定了伟大的亚里士多德，你还否定了全知全能的上帝！"

…………

费小罗不敢相信自己的耳朵。

他目瞪口呆地看向索菲："这些人真的是学者吗？学者不都是学识渊博的人吗？可这些人竟然认为是太阳绕着地球转，地球是宇宙的中心，还说得这么理直气壮！他们简直就和洞穴里的那群人一样自大又愚蠢。"

索菲反而很淡定："这是四百年前，既没有天文望远镜，也没有人造卫星和火箭，他们这么想也是情有可原的。"

"可那个叫布鲁诺的人说的就是对的，他们为什么不听呢？"

"当然是因为，他们并不认为布鲁诺是对的。在那个时代，人们站在地球上遥望太空，自然会觉得自己居住的地球才是宇宙的中心，而星星和太阳都是围着地球在转动。所以人们更愿意相信亚里士多德的观点——地球是宇宙的中心，太阳围绕着地球转。"

"这个叫亚里士多德的人一定没有什么文化！"

索菲又甩起了尾巴："你们人类还真是容易傲慢的生物，尤其是一个现代人去看古代人的生活时，总会误以为自己是聪明清醒的，而古人是愚昧无知的。"

索菲接着说："如果说亚里士多德没文化，那这个世界上恐怕没有什么人可以称得上有文化了。他是古希腊最博学的思想家和哲学家，还是柏拉图的学生，但他的成就已经远远超越了他的老师，从天文到地理，从生物到伦理，几乎没有不精通的，如果要一项一项歌颂他的成就，恐怕三天三夜都不够用！你知道吗？当同时代的大多数人都觉得自己生活的地球只是一个静止的平面的时候，亚里士多德已经论证出地球其实是个球体。瞧，如此超前的发现，在那个时代就算给他十个诺贝尔奖也不过分，但这还只是他众多成就的其中之一……所以当亚里士多德说'地球是宇宙的中心，太阳围绕着地球转'，人们自然深信不疑，就像你相信'一加一等于二'一样坚定。"

听到索菲拿自己举例，费小罗有点不乐意，忍不住嘟囔道："这怎么能一样呢？不管亚里士多德这个人有多伟大，有多聪明，他说'太阳围绕着地球转'终归是错的，但'一加一等于二'是绝对正确的！我们老师就是这样教的，不管是现在还是未来，一加一都肯定等于二，任何一个会摆弄手指的人都算得出来。"

索菲突然笑了出来："所以，如果有一天，一个来自五百年后的家伙告诉你，经过他们的科学验证，'一加一等于二'是错的，那你一定也会认定这个人发了疯。到时候，说不定你比这些反对布鲁诺的人还要激动呢。"

费小罗愣住了，脑袋嗡嗡响，他想大声反驳"我才不会像他们那样呢"，却一个字也说不出口。

（3）

正当费小罗努力组织语言准备还击的时候，周围的场景却突然开始变化。原本礼堂一般的建筑和激烈争执的画面在他眼前慢慢消散了，等到费小罗再次回过神的时候，他和索菲已经站在一个长方形的大广场上了。

"这里是意大利著名的鲜花广场。"索菲像导游一样主动介绍。

费小罗有点晕头转向，只要和索菲在一起，总会有新的"惊喜"等着他。他四下望了望，在所谓的"鲜花广场"上他没有找到一朵鲜花，只看到拥挤的人群。这些人叽叽喳喳地正在议论着什么，虽然声音很激动，但脸上的表情却有些冷漠。除了人多，这个广场看起来也没有什么特别的，只不过广场中央有一根巨大的柱子，柱子的底座摆满了成捆的木柴。

此时的天气有点冷，费小罗一边打哆嗦一边想，难道这个鲜花广场上是要举行盛大的篝火晚会吗？

突然，一群身着冷灰色铠甲的士兵从广场的另一头缓缓走了过来，吵闹的人群立刻安静了，他们纷纷后退，自觉地避让出一条通道。等士兵走近了，费小罗才发现他们还押送着一名犯人。那犯人穿着破烂的衣袍，手被捆在背后，迎着人们的目光跟跟跄跄地向着广场中心的柱子走过去。尽管看起来很狼狈，但费小罗还是一眼就认出来，这名犯人正是布鲁诺。

"布鲁诺？！"费小罗无法形容自己的震惊，"他怎么会被抓起来呢？他刚刚不是在大学里和别人辩论吗？"

索菲解释道："虽然你觉得是'刚刚'，但此时距离那场辩论已经过去了十六年。估计布鲁诺自己也没想到，十六年后的他会成为被公开处决的犯人！"

原来这并不是一场晚会，而是一次处决！

这始料未及的转折让费小罗难以消化。他紧张地看向广场中央的柱子，一股不安的情绪在他心头放大。果然，布鲁诺已经被士兵们高高地绑在了那根柱子上，火光一照，费小罗才看清布鲁诺的嘴上还被戴上了一个骇人的刑具，箍得他说不出一句话，唯有沉默，鲜血顺着嘴角流下来。

士兵没有停手，他们将提前准备好的成捆的木柴不断地往布鲁诺的脚下扔去，就像在堆砌一座新的坟墓。当"坟墓"堆好后，行刑者熟练地将火把扔进柴堆里，没有一丝犹豫。那些干燥的木柴一遇到火种立刻熊熊燃烧起来，巨大的火焰由下往上快速蔓延，不一会儿就吞噬了布鲁诺残破的身影。

凶猛的火势让围观的人群不得不向后撤，他们一边防着大火烧到自己，一边议论纷纷。

"这个人犯了什么罪，竟要遭受火刑？"

"听说他是个邪恶的异教徒，不仅不敬上帝，还到处说一些疯疯癫癫的话。你们知道吗？他竟然说地球围着太阳转，他还说地球不是宇宙的中心，因为宇宙是无限的，还存在着无数个太阳和无数个地球……"

"天哪，这是多么可怕的话语啊！"

"愿大火能洗涤他的罪恶……"

费小罗其实什么也看不到。从点火的那一刻起，行刑台上发生的一切就变得模糊了起来。

在朦胧的冲天的火光中，费小罗感觉到悲伤和讽刺。悲伤的是，一个说了真话的人被活生生地烧死了，但在场的大部分人都觉得他罪有应得；讽刺的是，柏拉图的洞穴实验成了真——那个走出过洞穴的人竟然真的死了。

他的脑子里又响起索菲之前的疑问，如果有一天一个来自五百年后的家伙告诉你'一加一等于二'是错的，你是不是也会觉得这个人发了疯？不得不承认，他大概真的会觉得这个人发了疯，或许就像此刻广场的那些人觉得布鲁诺发了疯一样……想到这里，费小罗就觉得更加难过。

他望着那些依然在围观的人群，忍不住叹气："索菲，你说我长大了之后，会不会有一天也和他们一样呢？"

"我没有办法回答你的这个疑问，因为哲学是在事情发生之后而进行的思考，它就像一只在黄昏时才起飞的猫头鹰，不能预测未来。不过，你也不必这么悲观。"

索菲说完，挥了挥毛茸茸的爪子，眼前的场景立刻又开始变化。这次他们并没有瞬移到别的地方，而是始终站立在鲜花广场上，但广场上的景象却如同被人按下了快进键一般迅速变化，那骇人的火刑场面只是一眨眼的工夫就湮灭在变化的洪流之中，如同没有发生过一样。等变化停止时，鲜花广场上的景象已经焕然一新。

"这是布鲁诺死后的第二百八十九年。"索菲一边说一边指向广场的中心，"你看那里！"

费小罗疑惑地望过去，在索菲指的地方矗立着一座原先没有的雕像。雕像是一个身穿斗篷的男人，他的双手如同被束缚了一般交叠在一起，但右手紧紧地握着一本书，宽大的帽兜遮住了他严肃的面容，他就这样平静地注视着整个广场。

费小罗走过去，看了看雕塑上的文字，刻的是意大利文，他根本看不懂。

"这是布鲁诺的雕像。"索菲贴心地解释道，"在他死后的第二百八十九年，人们在他被烧死的地方树立了一座雕像来纪念这位前辈的勇气与智慧。所以，你不必这么悲观，洞穴里的人终有一天也会学会思考与反省，也会勇敢地走出洞穴。"

费小罗看着雕像，莫名地有点想哭，这位叫布鲁诺的男子死的时候可没有雕像这般帅气威武，还真是让人难以释怀："要花掉几百年的时间，这也太漫长了，如果人们能思考得更快一点就好了。"

"人类自己也意识到了这个问题，所以哲学才会诞生，它让人们学会思考与反省，不再人云亦云，不再被自己的眼睛蒙蔽，就像你通过这次旅行学到的那样。"

费小罗在布鲁诺的雕像前站了一会儿，下定了决心："我们回去吧，这次我一定能把智慧之灯点亮。"

（4）

回到哲学小屋后，费小罗跟着索菲走到正中央的桌子前，智慧之灯正像索菲说的那样如同有感应一般，立马亮起来，而且是两盏！

"怎么会亮起两盏灯？我以为解答完一个问题只会亮一盏灯。"费小罗十分疑惑。难道是他第一次进入哲学世界，有什么"买一赠一"活动？

"的确解答一个问题只会亮一盏灯。"索菲想了想，"但你解答了两个哲学疑惑。"

两个？不就一个嘛！

"除了'我们看到的不一定就是真的'之外，还有一个，那就是哲学思考的意义。"索菲说完又反问他，"而第二个正是从这次布鲁诺的旅行中收获的，不是吗？"

想到布鲁诺，费小罗的心情还久久不能平静。索菲说得没错，这次旅程让他知道了那些听起来虚无缥缈的哲学道理背后蕴藏的巨大的现实能量，而学会思考，不再人云亦云是多么重要！

智慧之灯被顺利地点亮了，时间重复也终于结束了。费小罗醒来的第一件事，就是去看客厅的电子日历，直到看见上面显示着"4月23日 周一"，他才长长地舒了口气，一颗吊着的心也终于放了下来。

他从来没有这么喜欢周一！

但还没高兴一会儿，费小罗就发现有点不对劲——不知为何，他浑身酸痛，像被人打了一顿一样，没走几步路就觉得费劲，连抬一下胳膊都有点困难。

索菲此时正趴在他的枕头边，舔着自己的小爪子："不要担心，这是时间重复的后遗症。每一次重复都会消耗身体的能量，一次消耗的能量相当于你在操场上跑了五圈。由于你重复了八次，所以就相当于跑了四十圈，感觉累点也是正常的。"

　　四十圈？费小罗头皮发麻。上次学校开运动会的时候，由于缺人，他硬着头皮报名参加了 1500 米的长跑比赛。1500 米还不到四圈，但跑完之后他整个人就像一条不小心蹦上岸的鱼，累得喘不过气来。四十圈？这可相当于十多个 1500 米啊！

　　费小罗拖着酸痛的大腿，艰难地回到卧室，瘫倒在床上，忍不住抱怨："索菲，为什么完不成哲学思考，就要一直重复某一天呢？你不觉得这样的设定一点都不合理吗？就像是要故意惩罚别人一样，真的很让人烦恼啊！"

　　"可这并不是惩罚，而是对人生的模拟。"索菲十分坦然。

　　"人生的模拟？有哪个人的一生是重复过日子的啊？"

　　"表面看上去是没有。但如果你透过这些表面去看本质的话，你就会发现其实很多人都在重复过日子。你知道这个世界上有多少人一辈子都是浑浑噩噩、得过且过地生活吗？这样的人只是活着，却从来不去思考，没有理想，没有价值，没有使命感，遇到问题只知道抱怨，却没有办法从中汲取更多智慧，他们的一生就像一天一样短暂。而我的哲学系统就是模拟这个过程——没有哲学思考，一生也就只是这一天，只有完成了思考，时间才有意义，人生才能不断向前。所以，与其说是惩罚，不如说是机会，重新给人学会思考的机会。"

费小罗似懂非懂："但就算学会了思考，人的一生也不会因此变得更长。"

"与整个宇宙相比，人类的生命的确是太短暂了，就像在烈日下被暴晒的一滴露珠，转瞬即逝！但学会思考的人却能在短暂的生命里寻找到永恒，就像哲学家那样，即使他们的生命结束了，人生的价值却依然得以继续，比如古希腊的苏格拉底，比如中国的孔子，只要人类没有灭绝，你就一直能够听到他们的故事，感受他们的思想。"

费小罗揉了揉酸痛的胳膊，索菲的话让他内心燃起了一簇小小的火苗，但"永恒"这种字眼对他来说还是太遥远了，此时此刻，他更希望自己能赶紧从身体的疲惫与酸痛中恢复过来。

　　吃早饭的时候，妈妈发现了他的异样："小罗你怎么啦？夹菜那么慢，等你吃完饭恐怕都要迟到了。"

　　费小罗心里委屈，但又不知道如何解释，总不能跟妈妈说自己跟着一只猫去进行时间循环而导致了全身酸痛吧，他只好没话找话："昨天在胖胖家玩得太开心了，有点累。"

　　爸爸来了兴致："你们玩的什么，那么开心？"

　　"嗯，嗯，拼图，足足有一千片呢！但胖胖是色盲，他很多颜色认不出来，我让他挑有绿色花纹的，他总是拿给我一些有红色花纹的，所以最后那幅拼图基本都是我一个人完成的，所以特别累……"

　　刚说完，费小罗就后悔了，他突然意识到似乎不应该把胖胖的秘密这么随便地说出来。

　　妈妈果然露出了震惊的神情："胖胖是色盲？！之前怎么没听你说过呢。唉，这可怜的孩子，原来看不到世界真正的颜色……"

　　费小罗想要反驳妈妈，可又不知道从哪里说起，那些跟着索菲学到的大道理此时此刻似乎变成了一团糨糊，全都堵在了嗓子眼里，吐也吐不出来。

这时，爸爸突然插话："其实，我们一般人能看到的颜色也很有限的。我们之所以能看到不同的颜色，是因为我们的眼睛里有一种叫作视锥细胞的东西。大多数人只有三种视锥细胞，但某些动物的眼睛却有四种甚至更多种视锥细胞，比如蝴蝶有五种，它们能看到阳光中紫外线的颜色；再比如生活在海里的皮皮虾据说有十几种视锥细胞，它们能看到的颜色是我们完全想象不到的。与它们相比，所有人类都不过是一群可怜的色盲罢了，哪里能看到什么真正的颜色！所以，不要觉得胖胖可怜，我们其实跟他差不多，都只能看到世界的一小部分。"

由于爸爸一向嘻嘻哈哈的，还老喜欢逗人，所以费小罗常常会觉得爸爸很不靠谱。但此时此刻，他有点怀疑自己之前的判断了，爸爸虽然没有跟他们一起进行哲学之旅，却一下子就讲出了他想说却说不出的哲学道理，还说得那么有趣，简直比柏拉图先生还厉害！这大概就是思考给人带来的魅力吧。

"等到学校了，我也要把这番话讲给胖胖听！"费小罗暗下决心。

他下意识地转头去找
索菲，此时的索菲正在阳
台上晒着太阳仰面睡大觉。
费小罗心里感慨，谁能想

到这是一只神通广大的哲学猫呢？

　　看着看着，他突然觉得哪里不对劲……

　　索菲好像……变胖了！！

第 3 章

疯狂的实验室

（1）

索菲变胖了。

一只猫变胖是很正常的事情，但索菲胖得太快了，似乎只用了两三天，它就跟被吹起的气球一样膨胀了起来。原本瘦骨嶙峋的可怜相完全不见了，现在的它宛若故宫里的猫一般，胖得雍容华贵。

"是不是怀孕了？"妈妈狐疑地打量着胖得不太正常的索菲。

"它是公猫！"爸爸立刻打断了这个怀疑方向。

"那是生病了吧？"

"我带它去我们医院做过各项检查，肝功能、肾功能、传染性腹膜炎、猫瘟等等，每个指标都很正常，没有一点问题。"

"都说橘猫容易胖，这只猫好像也没有什么橘色的毛啊？"

"橘猫容易胖这个结论没有什么科学依据，不管什么颜色的猫，吃得多就会胖……不过，这只猫的确胖得不是很科学……"

爸爸妈妈对着索菲研究了半天，依然没有得出任何结论，站在一旁的费小罗沉默不语。

自从上次哲学之旅后，索菲就天天睡在他的枕头边，所以，他是第一个发现索菲"吹"起来的人。似乎只是一夜之间，索菲尖瘦的下巴就圆润了起来，原本纤细的小爪子变得又粗又肉，连脚背都鼓起来了……如果不是花色还跟之前的一模一样，他真的怀疑自己换了一只猫。

那时的费小罗也觉得索菲可能是生病了，因此特别担心："索菲，你怎么肿啦？是不是过敏了？"他想起自己一年级的时候，有一次不知道碰了什么东西，两只手过敏，一下子就肿得跟熊掌似的，吃饭的时候筷子都握不起来。

索菲一脸淡然："这才是我本来的样子，喵。我以前之所以那么瘦，是因为我正处于观察阶段，没有好好补充能量。"

"观察阶段？观察什么？"

"当然是观察你呀，我足足观察了你一周，有的时候躲在草丛里观察，有的时候躲在门后观察，最危险的时候还要爬到高处观察，非常忙碌，也非常辛苦，几乎没有时间吃东西。"

费小罗愣了一会儿，突然间回想起什么，恍然大悟："原来是你在跟踪我！"他之前一直感觉有人在跟踪自己，还被爸爸笑话了一顿，这一切果然不是他胡思乱想，那些草丛里的沙沙声、门口的可疑身影、窗户外盯着他的眼睛……原来都是这只猫搞的鬼。

"你为什么要跟踪我呢？"

索菲毛茸茸的脸上挤出了为难的神色，圆溜溜的眼睛也似乎在闪躲："……就算是一只普通的猫想要寻找主人，也会用自己的方式去确认对方是不是好人，更何况是作为哲学猫的我，在选定对象之前肯定得好好仔细观察，你说呢？"

索菲的话听起来很合理，但费小罗总感觉哪里不对劲，它好像回答了自己的问题，但又好像什么都没说。

"可是你胖得太快了。大人们不是常说'饭要一口一口吃，肉要一点一点长'吗？可你怎么好像是一口就吃成了胖子呢？"

"这就是我们哲学猫跟你们人类的不同。你们人类只能通过摄取物质类的食物来补充能量，所以你们常常陷在物质的欲望之中不可自拔。但我们哲学猫可以直接摄取精神食粮，这种方式能更快地补充能量，比直接吃食物要快十倍！在上一次的哲学之旅中，我从你那里收获了许多精神能量，自然就一口吃成了胖子。而且，对我们哲学猫来说，身材与学识是成正比的，身材越圆润，学识越渊博，成为一只胖猫是我们的最高荣誉。"

所以，索菲现在全身都是知识？

费小罗光是想想就忍不住笑出来，但很快他就发现了一个不得了的问题："你刚刚说，你是从我这里获得能量？"

索菲点点头，一副理所当然的样子："对啊，一个人在进行哲学思考时会散发出非常美味的精神能量，这正是我需要的。"

费小罗愣住了。

他竟然被一只猫当成了食物！

尽管索菲反复强调，吸收精神能量并不会对费小罗产生任何影响，但费小罗还是感觉怪怪的。尤其是看到索菲"充满智慧"的肥肚腩和"学识渊博"的大脸盘子，他就觉得自己养的不是猫，而是一只随时在吸他血的大蚊子。

（2）

很快就迎来了五一小长假。

假期的第一天，小姨就带着五岁的表弟林林来他们家小住。小姨跟他们生活在不同的城市，不能经常见面，所以妈妈一见到小姨就有说不完的话，而表弟自然而然地就被安排给了费小罗照顾。

这个小表弟正处在活泼好动的年纪，刚到家的时候还有点腼腆，稍微熟悉了之后，就立马"原形毕露"，不停地上蹦下跳，就像屁股上安了弹簧一样，一刻也坐不住。很快，家里的每一个抽屉都成了表弟"探险"的地点，费小罗只能像个小跟班一样，在表弟后面追着关抽屉。他不明白一个五岁的小孩怎么能那么灵活，他两只手根本不够用，一个没看住，就连他差点就可以完成的新拼图，也被表弟瞬间弄乱了。

费小罗很生气，心想，这表弟大概就处于妈妈常说的"狗也嫌"的年纪吧。

很快，表弟就发现了躺在阳台上呼呼大睡的索菲。他一蹦一跳地跑过去，伸手就要抓索菲的尾巴。费小罗以为索菲会和自己一样狼狈，没想到索菲虽然胖成了球，但闪躲的时候却灵活得像一道闪电，这一秒蹦上沙发，下一秒就蹿上了柜子顶，表弟追了半个小时，连索菲的一根毛都没有摸到！

最后，表弟竟然累得睡着了。小家伙一睡着，整个世界仿佛都安静了。但这份安静没有持续很长时间，没多久表弟就醒了。醒来后的表弟行为有点奇怪，他先是在床上到处翻，像是在找什么东西，然后又到窗户边往下瞧，找不到后竟然哇哇大哭起来。

在隔壁一直聊天的妈妈和小姨也被惊动了，尤其是妈妈，她一脸紧张地问："林林，你怎么哭了？是不是你表哥欺负你了？"

费小罗很无辜："表弟刚刚一直在睡觉啊，我怎么欺负他？"

林林表弟沉浸在悲伤之中，哭了很久才终于断断续续地说出了理由——他的迪迦奥特曼不见了！

"迪迦奥特曼是什么啊？"妈妈一脸疑惑。

费小罗也不知道怎么解释："嗯，就是一个叫迪迦的奥特曼，打怪兽很厉害……"

　　妈妈显然没听懂，只好继续安抚："林林，你的那个什么奥特曼怎么会不见了呢？"

　　林林表弟立马指着费小罗，大声控诉："是哥哥给我扔到窗外去啦！我说不要扔不要扔，他还是扔下去了。"表弟越说越委屈，哭得更大声了。

　　费小罗惊呆了，这个小表弟也太厉害了，几句话就将莫须有的罪名强加在他身上。现场唯一能为他做证的只有索菲了，但索菲从不在别人面前说话，根本没有办法当证人……这下子他岂不是跳进黄河也洗不清了！

　　眼看着妈妈就要对他大发雷霆了，小姨及时站了出来："你别听林林瞎说，哪里来的迪迦奥特曼啊，我压根儿没给他买过。这孩子估计睡蒙了，把梦当成现实啦！"

　　之后大家安慰了很久，表弟的情绪才慢慢稳定下来。意识到自己是做梦之后，表弟特别不好意思地跟费小罗道了歉。

　　但费小罗已经不太在意了，他的脑子开始想另外一件事——人真的会分不清梦和现实吗？

他想起自己曾经和爸爸看过一部叫《盗梦空间》的电影。电影的主人公可以进入别人的梦里，而且他还能进入梦中梦、梦中梦中梦……总之，是个超级厉害的人。可就算是这么厉害的人，也常常分不清自己到底是在梦里，还是已经回到了现实。所以他必须要随身携带一枚陀螺，如果陀螺一直转个不停，那就是还困在梦里，要是最终停下来了，那就是回到了现实。

电影的最后一幕最让他印象深刻。主人公完成了所有的任务，按理说已经回到了现实中。可当他掏出自己的陀螺在桌子上旋转起来的时候，那枚陀螺却一直转一直转，然后电影就在陀螺的旋转中结束了。

费小罗看得既着急又疑惑，于是问爸爸："最后那个陀螺到底停没停？"

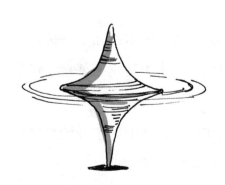

爸爸想了一会儿说："大概导演也不知道吧！"

当时费小罗还很疑惑，这位导演可真糊涂，自己拍的电影怎么会不知道结局呢？！现在想想，这位导演可能真的不知道。就像自己的表弟，做了一个超级真实的梦，就当了真，完全分不清现实和梦境了。

晚上睡觉的时候，索菲像往常一样，趴在费小罗的枕头边，舒服地伸着懒腰。但费小罗却躺得很不安生，翻过来又覆过去，好像他躺的不是一张床，而是一口滚烫的煎锅。

"你不困吗？"索菲困得忍不住打了个哈欠。

"我刚刚突然想起来，我其实干过和林林表弟类似的事情。"

"你也去翻过别人家的抽屉？"

"不是这个！"费小罗干脆坐了起来，"我的意思是，我也跟他一样把梦当了真。我曾经梦见自己和妈妈大吵了一架，原因是什么我记不住了，但梦里妈妈把我所有的拼图都送给了对门的弟弟。我在梦里气得号啕大哭，虽然不久就醒了，但那种难过的心情却没有消失，就好像这件事真的发生过一样，深深印在我的脑海里，以至于那天我一看见妈妈就来气……可是，这明明只是个梦啊，是没有发生的事情，我怎么会那么生气呢？"

索菲伸了一个懒腰："虽然这只是梦，没有真正地发生，但梦里的情节比较真实，让你的大脑觉得它发生了。"

费小罗立马来了精神："大脑这么笨吗？那如果我睡着了，被困在一个特别特别真实的梦里醒不过来，我的大脑能知道吗？大脑会不会觉得，这个梦里的一切就是真正的生活呢？"

索菲没有回答，只是扭了扭肥胖的身躯，给自己翻了个身。

这完全没有影响到费小罗的兴致："我觉得还真的有可能！有天一大早我特别饿，但是我人还在睡觉，梦见自己去厨房吃了一碗面。由于是做梦，肯定还是很饿啊，然后我就饿醒了，醒了之后赶紧去厨房找东西吃，结果怎么吃都吃不饱，你猜怎么着，原来我还是在做梦呢！"

费小罗越说越兴奋："你瞧，索菲，稍微不注意，我就被梦给欺骗了，以为自己已经醒了，其实还是在梦里……如果这样想下去的话，那绝对有这样的可能——我现在就是在一场梦里！这个梦太真实了，以至于大脑都信以为真，但这张床，这个桌子，还有你，其实都只是我做的一场梦，其实都是虚假的……哇，这简直就跟电影一样酷！不，这比电影还要酷！！"

费小罗沉浸在这种神奇的设想之中，兴奋了一整晚，几乎没有睡着。

索菲却一反常态，以前它对费小罗的每个疑问都会认真回答，甚至进一步引导，但今晚它却显得格外安静，甚至在听费小罗说了一大堆疑问后，只是淡淡地回了一句："赶紧睡吧，估计明天有的忙呢。"

第二天，费小罗是被妈妈喊醒的。

他只是睁了睁眼睛，睡眠不足带来的恶果便扑面而来——头昏脑涨，哈欠连天，就连睁着的双眼都酸涩无比。

妈妈见状，忍不住皱起眉头："小罗，你昨晚几点睡的？这才是假期的第一天，你就偷摸熬夜。一会儿你小姨和表弟来了，你可别无精打采的，到时候我跟你小姨有正事要聊，你要好好照顾你表弟，记住了吗？"

费小罗傻眼了，打哈欠的嘴都来不及合上。

假期的第一天？

小姨和表弟还没来？

不会吧！一种熟悉的不妙的预感涌上心头。他立马从床上跳起来，狂奔到客厅的电子日历前，直到清晰地看见上面显示的"5 月 1 日"，整个人如同被浇了凉水一样顿时清醒了——时间，竟然又开始重复了！

（3）

索菲曾说过，如果没有完成哲学思考，时间就会一直停留在这一天，不断重复。但费小罗想不明白，他昨天好像没干什么特别的事情，为什么时间又开始重复了呢？

"这个哲学系统是不是坏掉了？我昨天也没有思考什么很深刻的问题，只是想了一些跟梦有关的东西，难不成梦也是哲学吗？可梦不是很平常的事情吗？人人都会做梦，我以前也做过梦，但时间都没有重复，

为什么偏偏这次就……"

　　说这些话的时候，费小罗已经跟着索菲进入了哲学小屋。再次进入哲学小屋，费小罗有一种说不出来的感受，既熟悉又陌生。小屋正中央的桌子上依然摆放着九盏灯，不过其中的两盏已经被点亮，发出明亮却不刺眼的光芒，原本阴暗的小屋也因此增加了一丝温馨。

　　索菲没有直接回答他的问题，反而问他："你听过牛顿和苹果的故事吗？"

　　"当然听过。牛顿在苹果树下休息，一颗苹果掉下来砸到他的脑袋上，他就开始思考为什么苹果会掉下来，便因此发现了了不起的万有引力定律。"

　　索菲叹了一口气，一脸遗憾："真是羡慕牛顿啊，如果当时坐在苹果树下的不是他，而是我，是我被苹果砸中了脑袋，那么发现万有引力的人就会是我了！"

　　费小罗扑哧一声笑了出来："我觉得你变笨了，索菲，你不会认为只要被苹果砸中脑袋，就能发现万有引力吧？"

　　"不然呢？"

"当然不是。你想想，在这个世界上不小心被苹果砸中脑袋的人肯定很多，但发现万有引力的却只有牛顿一个人。当其他人被砸到脑袋时，估计只会抱怨自己怎么会这么倒霉，但是牛顿不一样，他会思考为什么苹果会掉下来，而不是飞上天去。所以重要的并不是被苹果砸到，而是善于思考。"

索菲笑了起来，嘴边的胡须都跟着往上翘。

"你这不是都知道嘛！你做过的那些梦就像砸中牛顿的那颗苹果，当你不去思考它的时候，苹果就只是苹果，梦就只是梦，和其他人的没有什么区别，甚至第二天就被忘得一干二净。可你已经开始思考这些梦了，这些梦也因此变得与众不同，成了启动哲学之旅的钥匙，所以时间才开始循环。"

费小罗愣了愣，原来索菲并没有变笨，它说的那些话只是在引导自己想出答案而已。

"你是不是早就知道我会进入时间循环？"

"当然。我们哲学猫以精神能量为食，当你开始思考的时候，诞生的精神能量便会散发出美妙的味道，这就跟你妈妈在厨房做菜时，会飘出饭菜的香气是一

个道理。昨晚当你躺在床上想东想西的时候，我就已经闻到了哲学的香气了。"

　　这可真是一个可怕的比喻。索菲竟然又把他跟食物混为一谈！难道每次他思考的时候，其实都是在给索菲"做饭"？费小罗甩甩头，试图忘掉这个疯狂的想法。等他回过神的时候，索菲已经从小屋那一面神奇的墙上，召唤出了一扇新的大门。

　　奇怪的是，索菲这次却对着大门露出了一脸疑惑。

"怎么是……双开门？"

前两次索菲召唤出来的都是单开门，窄窄的一扇，仅容一人通过。这次的门有点特殊，是双开门，左一扇右一扇，看起来格外阔气。

"双开门不好吗？"

"门的数量越多，就代表问题越复杂，看来这次的旅程会比较辛苦呀，喵。"索菲歪了歪脑袋，语气马上又变得轻松起来，"不过问题越多，思考就越深入，诞生的精神能量也会越多，这么一想，还是有很多好处的。"

好处？明明只对你有好处吧！

费小罗的心情有点复杂。索菲这家伙每天念叨精神能量，就想着吃吃吃，跟普通的馋猫有什么区别？跟着一只馋猫冒险，真的靠谱吗？……他一边胡思乱想，一边习惯性地跟着索菲走进那扇双开门。

穿过门之后，他们并没有像以往一样迅速到达明亮的地方，而是一直走在黑暗之中。索菲不说话，整个过程都十分安静，费小罗几乎能听见自己咚咚咚的心跳声。不知道走了多久，终于在路的尽头出现了一扇门，门是虚掩着的，从门缝里透出一些闪烁的火光。

索菲用毛茸茸的爪子扒开门，一瞬间寒冷的气息扑面而来。

（4）

这是一间身处寒冬的房间。

房间看起来很朴素，家具摆设不多，墙中央的壁炉正熊熊燃烧，让原本寒冷的房间透出一丝温暖惬意。壁炉的正前方坐着一个男人，瘦瘦的，个子不高，双眼紧闭，似乎正在打盹，火光跳跃在他过于苍白的脸庞上。

费小罗有些拘谨地站在门边，压低声音问索菲："这个睡觉的人是谁？"在没有搞清楚之前，他可不想贸然地把这个陌生的男人吵醒。

"这是我的朋友，笛卡儿，他是个了不起的哲学家和数学家。"索菲一边说一边轻巧地跳上了椅子，用毛茸茸的爪子拍了拍男人的脸颊，轻声喊道："笛卡儿先

生，笛卡儿先生，醒一醒，我们需要你的帮助。"

笛卡儿缓缓睁开眼睛，看了看房间，又看了看突然出现在自己房间中的费小罗和索菲，露出了一脸疑惑："我是醒了，还是依旧在睡梦里？"

"您刚刚在做梦吗？"

"是的，一个很真实的梦，让我分辨不出到底是梦还是现实。"

费小罗立马来了精神，从门边悄悄挪到火炉面前，直接将自己的疑惑说了出来："笛卡儿先生，如果在一个超级真实的梦里，人是不是真的分辨不出自己是在梦里还是在现实中？说不定我们现在都是在梦里呢，一个超级超级真实的梦……"

笛卡儿揉了揉额头，试图让自己更加清醒："你说得没错，少年，这一切的确是值得怀疑的！此刻我就怀疑自己是不是依然在梦里，毕竟入睡前房间里只有我一个人，而等我睁开眼的时候，这里突然就多了你们！我完全有理由认为你们只是我在梦里臆想出来的，包括这个火炉、这把椅子，所有的一切。"

"可是梦总有醒过来的那一刻，只要醒过来，那这种怀疑是不是就可以打消了？"

"那如果醒不过来呢？"

"这个世界上还有醒不过来的梦？"费小罗有点惊讶。

笛卡儿没说话，站起身走到书柜旁，轻轻一推，打开了一扇隐藏得极深的木门。费小罗好奇地探头往里瞧，他本以为木门的那边会是另外一个房间，没想到竟是一段走廊，昏昏暗暗的，透着神秘。走廊的尽头是一扇散发着金属光泽的门，很有现代感，跟笛卡儿房间里门窗古朴的风格截然不同。

"那边是我的邻居普特南。"笛卡儿解释道，"他那里正好就有一场醒不过来的梦，你们或许应该先去拜访一下他。"

"醒不过来的梦"这几个字眼的确吸引到了费小罗，与笛卡儿暂时道别后，他就兴冲冲地拉着索菲往金属门的方向走去。一路上他都很兴奋，毕竟只能在电影中看到的神奇的景象，马上就近在眼前咧！

到了门口，费小罗才发现这扇金属门也是半敞着的，然而他只往里面看了一眼，就吓得退了回来。"醒不过来的梦"是什么他不知道，但绝对不应该是这副骇人的模样——巨大的房间里摆满了各种各样看起来十分精密的仪器，正在嘀嘀嗒嗒地不停作响；大大小小的显示屏上，播放着日常却又古怪的画面。最显眼的还要数房间正中央的玻璃缸，缸中灌满了绿色的不知名的溶液，一颗插满细管的大脑正浸泡其中！

这就是费小罗看到的景象。

他简直不敢相信自己的眼睛。这是哲学的世界吗？这分明是一个疯狂的科学家的实验室吧！

（5）

"别动！千万不要乱动！"

正当费小罗犹豫着要不要赶紧离开的时候，一个声音突然呵斥道。

接着，一个身着灰色西装、戴着眼镜的中年男人不知道从哪里跑了出来，慌慌张张地直奔到玻璃容器前，这人看上去明明一副文绉绉的样子，此时却因为紧张而显出了一丝滑稽，他仔细地端详着玻璃缸，直到确认一切正常，才放心地舒了一口气。

"小家伙，这里可都是实验室的精密仪器，不是你玩耍的游乐场。"

费小罗吓了一跳。这个神情紧张的男人大约就是普特南了："您好先生，我并不是来玩的，我是笛卡儿先生介绍来的，他说您这里有一场醒不过来的梦。"

普特南突然笑起来："醒不过来的梦？哈哈哈，笛卡儿先生还真是一如既往地喜欢跟别人谈论他的梦。"笑容让他脸上的神情变得缓和起来，普特南指了指房间中间最显眼的玻璃缸，"喏，这个就是你想看的'醒

不过来的梦'。"

费小罗一脸难以置信："这不就是一个装在玻璃缸里的大脑标本吗？"怎么会是醒不过来的梦呢？在他心里，梦至少要更美妙更梦幻一些。

"你只说对了一半，这的确是一颗缸中之脑，但是它并不是死去的标本，而是活生生的。这颗大脑的主人被邪恶的科学家偷偷施行了手术，他的大脑被取出后就立马放进了这个玻璃缸中。你看到那些绿色液体了吗？那就是可以维持大脑存活的营养液。"

"大脑上为什么要插那么多细管子？"

"这些细管发挥着重要的作用，它们能将大脑的神经末梢与超级计算机连接，这样一来，计算机便可以通过发送信息和指令，让这颗大脑以为自己完全正常。简单来说，它并不认为自己是一颗缸中之脑，而依然觉得自己是一个正常的人类。"

普特南边说边领着他们走到挂满大大小小显示屏的地方，这些屏幕显示的都是同一个人的生活画面，有的显示着这个人在吃饭、睡觉，有的显示着他在和别人说话嬉笑，还有的显示着他在旅游看风景，等等。

"这个人是谁？"费小罗问。

"正是这颗大脑的主人。准确地说，你现在在显示屏里看到的一切都是这颗缸中之脑产生的画面与幻觉。它的主人以为自己照样在吃饭、睡觉、工作、学习，能看到蓝天白云和这个世界的其他人和物，会开心、难过、生气……但其实他体会到的一切都只是超级计算机对神经末梢的刺激产生出来的，并不是真的，他接下来的一生都将在虚幻中度过，用笛卡儿先生的话来说，他正在经历一场醒不过来的梦。"

费小罗听得一身鸡皮疙瘩："天哪，这可真是一场噩梦！我以前觉得沉浸在醒不过来的梦里是一件很酷的事情，没想到竟然这么可怕！为什么会有这么邪恶的科学家做得出这么邪恶的实验？这个人岂不是一辈子都生活在幻觉里，真的是太可怜了！"

普特南扶了扶眼镜，又露出了一脸严肃："小家伙，你先别急着可怜他，你怎么能保证自己就不是一颗缸中之脑呢？"

"什……什么意思？"费小罗糊涂了。

"说不定你也只是一颗缸中之脑，只是你自己不知道。你感觉到的一切也都只是一台超级计算机发出的指令，包括你现在站在这个实验室看到的、经历的一切也只不过是一串有意为之的代码而已。"普特南沉默了几秒钟，接着说，"或者我们设想得更大胆一些，整个宇宙就是一台超级机器，所有人都只不过是它所控制着的一颗颗缸中之脑而已，它让我们所有人产生出集体的幻觉，你能感觉到我，我能听到你的声音，看起来我们似乎正在交流，而实际上所有这一切都没有真正地发生过……"

说到最后的时候，普特南几乎已经是在自言自语了。他说的话，既可怕又难懂，费小罗很努力地听，也只听懂了一点，心里升起一堆疑问，但是等他想继续问的时候，普特南已经踱步到自己的工作台奋笔疾书起来，完全是一副两耳不闻窗外事的模样。

一直沉默不语的索菲开了口："看来这个时候的普特南还没有想明白这个疑问。"

"这位普特南先生不是哲学家吗？哲学家也有想不明白的问题？"费小罗忍不住嘟囔。

"当然。哲学的世界从来没有准确的答案，都是一

个又一个问题，因为思考是永远没有尽头的。"

　　无奈的费小罗只好带着一肚子疑问穿过长廊，从疯狂的实验室又回到了笛卡儿的温馨小屋。

（6）

　　他们回去的时候，笛卡儿正忙着将一堆苹果放进一只漂亮篮子里，看见费小罗皱着眉头进来，便十分关切地问道："怎么了少年？你为何闷闷不乐？难道你没有看到'醒不过来的梦'吗？"

"看是看了，但是那也太可怕了！那哪里是醒不过来的梦啊，那是一颗装在缸里的大脑！而且那位普特南先生最后还神神秘秘地说，搞不好我们都是装在缸里的大脑，我们看到的、感觉到的一切都是假的。"

笛卡儿递给费小罗一颗苹果："不管是醒不过来的梦，还是缸中之脑，都只是表述上的不同，其实背后的问题是一样的——我们感觉到的世间的一切都有可能是虚假的。"

费小罗叹了口气，他根本没有心思吃苹果，小小年纪却露出一脸苦恼："我也在怀疑这个问题。如果真的是这样的话，那么这个房间、这个火炉和你，还有我从小到大的生活都有可能只是一场梦，或者是某台超级计算机给我发送的指令，虽然我觉得并不是这样，但我根本没有办法反驳。"

"嗯，按照这个思路继续想下去，我们学到的那些知识可能也都是虚假的，尤其是那些依靠观察事物而建立起的学科就都不可靠了，比如医学、物理学，甚至我最喜欢的数学也全部都是值得怀疑的，因为它们研究的对象可能根本就不存在。最可怕的是，我们自己是否真实存在都是可疑的。"笛卡儿用十分温和的声音描述着一堆可怕的后果。

费小罗有点抓狂，原本他只是简单地在思考着关于梦的问题，没想到这个简单的疑惑能延伸出这么大的主题，怪不得索菲会召唤出来一扇双开门，看来这个问题的确超级复杂，似乎已经不是他这个小学生应该去思考的了。

"那可怎么办，笛卡儿先生？我竟然连我自己是不是存在都证明不了！"

"那就不证明了呗，不如就这样大胆地去怀疑一切吧！"笛卡儿说着，就将篮子里的苹果全部倒出来了，"这些苹果就象征着我们原本所相信的一切，既然它们是值得怀疑的，那就不如全部倒出来，大胆地去怀疑。"

看着那些在桌子上滚得七零八落的苹果，费小罗莫名有点伤感："那篮子不就空了？"

"是吗？"笛卡儿突然露出了神秘的笑容，他伸手将费小罗握在手里一直没吃的苹果拿了过来，"少年，当我们去大胆地怀疑一切的时候，你就会发现，有一件事是我们永远无法怀疑的，那就是'我在怀疑'本身。"

"那万一是那台超级计算机通过指令让我产生的这种怀疑呢？"

"哦？你的意思是，你怀疑是超级计算机让你产生怀疑……哈哈哈，那你还是在怀疑，不是吗？任何一种怀疑，都无法否定'我在怀疑'这件事。"

费小罗的眼睛亮了起来："的确是这样！"

"怀疑也是一种思考。既然我在怀疑、在思考，那就必然有一个在怀疑、在思考的'我'存在。如果说'我在怀疑'这件事是毋庸置疑的，那么我们本身的存在也同样是确定无疑的。"笛卡儿说完，将苹果轻轻放进了篮子里，"瞧，现在篮子不是空的了，这颗象征着你自己的苹果是确定无疑的。所以少年，我思故我在，只要你还在思考，还在怀疑，你就不是那颗装在容器里的只会接受指令的大脑。"

说实话，费小罗并不能完全听懂，但他心里有一种豁然开朗的感觉。这位笛卡儿先生只用几句话，便化解了一场思想上的大危机，实在是了不起，他的那些话既震撼又美妙，让人忍不住想多听一会儿。

"笛卡儿先生，其他的苹果呢？该如何才能放进篮子里？"

笛卡儿刚想说什么，却突然剧烈咳嗽起来，咳了好一会儿才平静下来。

"您生病了？"费小罗跟着紧张起来。

"别担心，可能是冻着了，看来我还是适应不了瑞典这片充满了冰雪和岩石的土地。少年，我也想与你再多说两句，但是如果要把这些问题全部说清楚，估计三天三夜也不够，不仅我的身体状况不允许，更重要的是，我是受到克里斯蒂娜女王的邀请来到瑞典的，明早五点我还必须去给女王陛下讲授哲学，所以我必须要保证充足的休息。最关键的问题其实已经解决了，至于剩下的问题，你或许可以自己日后慢慢思考。"

"我？我能想得明白吗？"

"当然可以。"笛卡儿重新将篮子里的那颗苹果递给费小罗，"我把这颗象征着思考和你自己的苹果交给你。哲学的世界里没有标准答案，我说的也并不是真理，有的只是一个又一个的问题和一次又一次的思考。一旦你可以通过思考想出对你来说最有意义的答案，并且可以用充足的理论支持你自己的观点，那么你就成功了。"

直到走出双开门，费小罗都沉浸在自己的思绪中一言不发，就跟第一次旅行结束时一样沉默。

如果说，前两次哲学之旅让他明白了哲学思考的重要性，那么这次他充分感受到了哲学思考的魅力，不管是普特南先生那可怕的实验，还是笛卡儿先生让人惊叹的巧妙思路，都从不同的角度给予他冲击，原来思考可以这么精彩！

索菲见他不说话，紧张起来："你不会这次还有疑问没有得到解答吧！"

费小罗很久才回过神。"嗯，感觉还有很多问题需要我思考啊。"他一边说一边走到九盏灯旁边。刹那间，第三盏灯亮了起来。

索菲原本有点耷拉的小耳朵瞬间支棱起来："智慧之灯点亮了！你这不是已经没有疑问了吗？"

"我确实还有疑问啊。坦白说，这次哲学之旅的主题实在是太烧脑了，有几次我觉得脑袋快要爆炸了。笛卡儿先生和普特南先生说的那些话，我也没有完全听懂，但是我心里却确信我并不是在一场醒不过来的梦里，也不是一颗缸中之脑，不会分不清虚幻和现实。最重要的是，这次旅行我发现哲学真的很奇妙，它的目的似乎并不是要给人提供最终的答案，而是要让人享受思考的过程，所以我想智慧之灯也并不是要我获得确切的答案，而只是在判断我有没有获得属于自己的思考吧。"

索菲听完露出一脸微笑："烧脑？烧脑好啊，说明你思考得很深入，这次产生的精神能量一定很多！太好了，又可以美餐一顿了。"

费小罗望着索菲圆圆胖胖的身影哑口无言，他感悟出这么多，结果索菲就只关心精神能量这个点？索菲，果然只是一只馋猫吧！

第 4 章

古希腊的理发店

（1）

自从上次哲学之旅顺利完成之后，费小罗很长一段时间内，都沉浸在一种莫名的自信之中。

"我真是一种了不起的存在！"

索菲摇摇尾巴，一脸疑惑地看着他，最后叹气道："人类还真是容易自大的生物。"

费小罗原本躺在床上，听见索菲这么说，一骨碌爬起来：

"我不是自大，我是有依据的！你想想，我所认识的万事万物，都是我看到的、听到的、触摸到的。比如，这个房间、床、桌子，还有你，都是我看到了、摸到了，它们对我来说才是存在的，如果我不在了，那么这些东西存不存在其实我根本就搞不清楚。至少对我来说，如果世界是一场大电影，我就是唯一的主人公啊！"

索菲挠了挠耳朵："你这种想法，一些古代的哲学家也有。"

费小罗来了精神："哲学家竟然想得跟我一样吗？"

索菲点点头："距离现在八百多年前的南宋有一位有名的哲学家，叫陆九渊。他曾经说过'宇宙便是吾心，吾心即是宇宙'，意思是大千世界古往今来的所有事物，只有当我们看到、听到、闻到、摸到……总之，就是被我们感知到之后，它们才呈现在我们心里，在此之前，这些事物对我们来说，可以说是不存在的，就跟你刚刚说的那些差不多。"

费小罗听完忍不住感慨，没想到自己啰里八唆说了那么一大堆，人家六个字"宇宙便是吾心"就概括出来了。感慨完，他又马上得意起来："既然哲学家都这么说，那看来我想的是对的。"

索菲又摇了摇头："但是后来有很多哲学家并不赞成这种想法。比如德国有一位伟大的哲学家马克思，在他看来，类似于'宇宙便是吾心'的这类哲学观点都是不可取的。你感觉不到的东西就真的不存在吗？

就比如电磁波，你看不见、听不到，也摸不着，你能说它不存在吗？"

"电磁波是啥，我还真不知道……"

索菲眯起眼睛："你看，由于你感觉不到，所以在你的主观世界里，电磁波这种东西一直都是不存在的。但它的确是客观存在的，看电视、听广播都是利用电磁波进行的，你们加热饭菜用的微波炉利用的也是电磁波，它几乎无处不在。"

"那看来我想的是错的，这些感觉一点都不可靠。"费小罗又有些垂头丧气。

"也不能这么说。虽然感觉有不可靠的时候，但是我们认识世界、获得知识却离不开它。就像我们能利用电磁波，一定是因为有人先感知到了它、发现了它，然后才能对它加以研究利用，才能发明出那么多与电磁波有关的电器。再比如，就像我们知道太阳从东边升起，从西方落下，那也一定是我们的眼睛无数次观察之后，通过归纳总结才得到的这个结论。"

费小罗有点糊涂了："也就是说，有的哲学家觉得我是对的，有的哲学家觉得我是错的，我好像是错的，但又好像也有对的地方，那我到底是对的还是错的呢？"

索菲在床上伸了一个舒服的懒腰："在哲学的世界里，没有唯一的标准答案，每种哲学观点都是那个时代的哲学家对这个世界的观察、思考与理解，没有绝对的正确，也没有绝对的错误。"

"没有对和错岂不是很糟糕？就像我去参加了一场考试，最后老师却没有给我打分。"

"这不是很正常吗？任何错误和正确都是相对的。在几百年以前的宋朝，人们认为女子要有一双小脚才是最好看的，所以那个时代的女子从小就被缠足，也就是用布将脚裹起来，防止脚长得太大，而缠足经常导致足骨变形，走路的时候非常痛苦。但现在没有人会觉得一双小脚才是最好看的，如果有人从小就给自己的女儿缠足，不仅不会被认为是美的，还有可能会因为虐待儿童而被抓起来呢。"

索菲接着说："就算在你们人类引以为傲的科学的世界中，正确和错误也不是绝对的。比如伟大的物理学家牛顿，他的物理学定律统治了物理学整整两百年，被人们奉为权威，是真理中的真理。但是两百多年后的爱因斯坦提出了相对论，证实了牛顿的物理学定律其实是错的。但这不妨碍人们继续学习和使用它，据我所知，你们现在的高中生，还是会继续学习牛顿的物理学定律，嗯，你将来上了高中也要学习，因为它还是能帮我们解决很多问题的。哲学也是这样！有些哲学家的观点过时了、有局限了，但它可能依然能带给你启发；有些哲学家的观点听上去很有道理，但在未来的某一天可能也会被批判……而你能做的就是不

迷信任何一种，不断思考、认真实践，最后生活会让你形成自己的判断。"

费小罗似懂非懂地点点头。

（2）

期末考试结束后，费小罗就有了新的烦恼。

他的成绩在班里属于不上不下的那一类，主要是他比较偏科，数学不错，语文也还行，但英语却很差，这一好一坏合在一起，优势全没了。

其实他这次考得跟平时差不多，没多好也没多坏，但他的同桌林丽是典型的好学生，这次林丽的数学和英语还考了个双百分。开家长会的时候，妈妈和林丽的妈妈坐在一起，互相一交流自家孩子的情况，费小罗的烦恼就来了。

妈妈回家后一直用一种审视的目光看着他，喃喃自语道："同样是一个老师教的，怎么差别那么大呢？"

费小罗原本在摆弄他的拼图，被盯着看了一会儿，心里发毛，手里的拼图就变得跟烫手山芋一样，拿也不是，放也不是。

"小罗，林丽喜欢玩拼图吗？"妈妈突然问。

"好像不玩。"

"你看，因为人家不玩拼图，学习才好！"

"……"

"坐在你前面的韬韬玩拼图吗？"妈妈又问。

"他玩。"

"我听他妈妈说他学习也不好吧？"

"他成绩跟我差不多。"费小罗如实交代。

"你看，就是因为他玩拼图，所以他学习才不好。"

"……"

"你们班班长喜欢玩拼图吗？"妈妈又问。

"喜欢。"

"她学习好吗？"

"很好。"

"人家学习好了才玩拼图，你学习不好玩什么拼图呢？"

"……"

此时的费小罗已经隐隐地感觉出不对劲了。

"胖胖喜欢玩拼图吗？"妈妈再度开口。

"他不玩，他学习也不好，还不如我呢！"

妈妈一拍桌子，声音提高了不少："你还有理了。人家那是知道自己学习不好，才不玩拼图。你呢，你学习那么一般，还天天玩，你有人家那觉悟吗？！"

费小罗瞪大了眼睛，手里的拼图差点被他弄折。

其他人也就算了，胖胖不玩拼图那是因为他色盲玩不了，妈妈根本就是强词夺理，似乎执意要把学习好不好跟他喜欢的拼图强行扯在一起！

"妈妈就是强词夺理！怎么说都说不过她。"费小罗气呼呼地回到自己的房间，忍不住跟索菲抱怨起来，"反正吧，只要我没有在写作业或者读书，她就会觉得我是在不务正业。她有一天甚至跟我说，如果我现在不好好读书，将来就上不了好的中学；上不了好的中学，我就考不上好的大学；上不了好的大学，我就找不到好的工作，那我就只能去扫大街了！天哪，我都不知道怎么反驳她。"

索菲刚刚吃完猫粮，正在像一只合格的猫那样仔仔细细地给自己舔毛，听了费小罗的话后，显得十分淡定："你妈妈的这些话其实是存在滑坡谬误的。"

"什么滑坡？什么谬误？"索菲总是能说一些新词，让他听不懂。

索菲想了想，说："谬误就是错误的意思，滑坡嘛，你可以试着想象一辆失控的汽车从山坡上滑下去，车越滑越快，最终坠入深渊的场景，这就是滑坡。滑坡谬误指的就是类似于这样的一种错误的思维方式。"

"还是不太明白，不过听起来跟车祸一样，怪可怕的。"

"这只是一种生动的比喻！不好好读书和考不上好的中学、考不上好的中学和考不上好大学、考不上好大学和找不到好工作之间，的确存在一定的因果关系，但这并不是必然的。你妈妈故意夸大了每个环节的因果关系，将可能的事说成是必然会发生的事，就像加速滑下山坡的车一样，越滑越快，最终就得到了一个很不合理的结论——你只能扫大街。听上去似乎有点道理，但是仔细一推敲，你就会发现有很多漏洞。"

费小罗拼命点头："可不就是嘛！说的我只能去扫大街一样。"他越想越气，"她刚刚还说，同样都是一个老师教的，差别怎么那么大？肯定是觉得都是一个老师教的，为什么林丽能考双百分，我却不行？"

"嗯，她这段话有了另外一种逻辑谬误——以偏概全。仅仅通过观察某一个人，就对其他所有人做出概括和判断。你们班的林丽只是一个个例，她能考双百分有很多原因，比如运气、聪明、课后辅导等等，不能因为你们都是同一个老师教的，就推论出其他人也应该像她一样都得双百分。"

听到这里，费小罗已经由生气变成了感慨："我原本以为妈妈只是随意地唠叨几句，没想到她还偷偷使用了这么多厉害的'理论'对付我，我已经开始有些佩服她了！"他转而看向索菲，"不过还是你更厉害，索菲，你怎么一下子就能看出妈妈的这些伎俩啊？"

索菲被他的反应逗笑了："这都是一些非常常见的逻辑问题，只是你平时没有注意罢了。"

（3）

从妈妈说的那些他怎么也反驳不了的话中，索菲一下子就点出了其中的错误。对费小罗来说，此刻的索菲就像武侠电视剧里的大宗师一样，而妈妈就像频繁挑衅的剑客，不管剑客的剑术再怎么花哨，大宗师总是能一眼看破，瞬间拆招，简直太帅了！但索菲自己却一点都不当回事，还轻描淡写地说，这都是一些非常常见的逻辑问题，好像这根本就不算什么。

"逻辑是什么？难道很普通吗？"

"与其说普通，倒不如说是普遍。至于逻辑是什么……唉，对我们哲学猫来说，逻辑是根本不需要解释的呀。"

索菲说到这里显得十分为难，它伸出爪子挠挠耳朵后面，那块地方对胖得圆溜溜的索菲来说似乎很难抓到。费力地挠完后，它又继续舔爪子："非要说的话，逻辑指的大概是思维的规律，它并不是知识，也不创造知识，它是一种方法，一种推理和论证的手段。你可以回想一下哲学之旅的情景。当你听到那些哲学家在阐述自己的观点时，你是不是觉得非常有道理，这其实是因为他们言论中的逻辑性很强；当你的妈妈跟你唠叨的时候，你却觉得那些话强词夺理，是因为它缺乏逻辑，或者有逻辑错误。总之，任何人在生活中只要思考问题、发表意见，甚至写文章，都离不开逻辑，它并不是什么神秘的高不可攀的东西，但它在我们的生活中的确发挥着非常重要的作用，所以有很多哲学家专门研究它，还形成了一门学科——逻辑学。"

"原来这也属于哲学？"

"那当然，哲学本就是追求智慧的学问，一位哲学家如果在追求智慧的道路上思维混乱、毫无逻辑，那他如何思考，如何让世人信服他的观点呢？"

"那我如果想反驳妈妈的说法，也需要有逻辑吗？"这是费小罗此时最关心的问题。

索菲点点头："你妈妈说的那些话，其实是想方设法地让你觉得她是对的。当你觉得她的观点有问题，想要反驳的时候，你就需要抓住她话语里的逻辑漏洞，这自然也是需要逻辑的。"

听到这儿，费小罗"嗖"地趴到索菲的面前，殷勤地开始按摩它毛茸茸的后背："索菲，我也想学逻辑，你教教我吧，这对我来说很重要！"是的，很重要，要是他也能像索菲一样厉害，那就不怕妈妈整天对他唠叨了。

索菲被按摩得很舒服，不断发出咕噜咕噜的声音："这可真是让人为难，逻辑对我们哲学猫来说是天生的，不需要学习的，我也不知道该怎么教你。"

费小罗赶紧跑出去，从抽屉里拿出一根木天蓼给索菲。这木天蓼看上去就是一根平平无奇的小木棍，但对于猫咪却是天然的兴奋剂，很受欢迎，因为猫咪闻到后能舒缓心情，放松压力。

果然，索菲也无法抵御木天蓼的魅力，很快就抱着它又啃又咬起来，开心到忘形的时候还不停地打滚，就跟一只胖海参一样在他的床上扭动着，那场面滑稽极了。费小罗没忍住笑了出来，而索菲似乎终于意识到自己在干什么，有点不好意思，它用爪子将那根"可怕"的木天蓼扒拉到一边，试图找回作为哲学猫的理智与尊严。

"喀喀，我虽然不能教你，但是可以给你找一位老师。不过我必须提醒你，逻辑学是一门学科，非常复杂，需要花很多年来学习，而这位老师只能教给你

115

最基本的东西，唔，不过应该也够你用的了。"

费小罗才不管那么多呢，他觉得此时的自己就像啃咬了木天蓼的猫，开心到想在地上打滚。

（4）

一人一猫又来到哲学的世界之中。他们刚刚穿过了一扇白色的大理石门，而那扇门给费小罗的感觉十分熟悉。

"所以你说给我找一位老师，其实是要带我进行哲学之旅？"费小罗依然沉浸在兴奋之中。

"当然，逻辑学本来就是哲学的分支，自然要在哲学之旅中学习。而且，我今天给你找的这位老师十分了不起，可以说是'逻辑学之父'！有他教你，是你的荣幸。"

荣不荣幸费小罗还不清楚，他看着眼前白色的建筑，蓝色的大海，一群又一群身穿白色衣袍的男人从他面前走过去，心中那份熟悉感瞬间清晰了起来。

"这是古希腊？我们又来到了古希腊！"

索菲露出惊喜的神情："我还没说你就知道啦？这里正是古希腊的雅典城。"

这是费小罗第二次来到古希腊，第一次哲学之旅遇见柏拉图就是在这里，熟悉的服装——白色长袍，看不出来才有鬼吧。其实经过这几次旅行，他对古希腊还是很有好感的，因为费小罗打心眼里喜欢柏拉图。

"这次我们要见谁？"费小罗满心期待。

"亚里士多德。"

"亚里士多德？"费小罗的兴奋劲有点冷却下来，"我记得他。在我们第二次旅行中，布鲁诺提过他……是不是那个坚称'太阳围着地球转'的哲学家？他要教我逻辑吗？真的没问题吗？"

索菲甩起了尾巴，它常常用这种方式表达不赞同："我记得当时已经跟你说过亚里士多德有多么博学、多么伟大，况且他是两千年前的人，他的天文发现在他那个时代已经可以获得诺贝尔奖了！他的逻辑学直到现在依然被人们学习。另外，偏见也是不合逻辑的，所以在你学习逻辑之前，最好先抛下你的偏见。"

费小罗被说得哑口无言，随后，他仅剩的那点疑虑也在他亲眼见到亚里士多德本人时烟消云散。

这位亚里士多德先生长得真是风度翩翩！他举止优雅，言谈从容，虽然和其他人一样穿着白色的衣袍，但是他身上的每一个衣褶子仿佛都被精心设计过一般，服帖地垂下，显得他衣冠楚楚。

　　亚里士多德向他走过来，显得十分欣喜："索菲已经跟我说过了，少年，你想要跟我学习三段论？"

　　费小罗有点蒙，三段论是个啥？说好的学习逻辑呢？

　　"哦，三段论是我逻辑理论中最重要的部分。"亚里士多德耐心地解释着，言语温和。

　　最重要的部分？！那不就跟武侠片里最上乘的功夫秘籍一样，听着就让人心动。费小罗疯狂点头，一边点头一边谦虚地询问："亚里士多德先生，三段论是什么？会不会很难学？"

　　亚里士多德优雅地摆摆手："很容易学。就算你没有受过哲学训练，也能很快上手。三段论，顾名思义，由三个部分组成——大前提、小前提和结论。"

　　才听了一句话，费小罗已经开始质疑这位优雅哲学家嘴里的"很容易学"的真实性。

　　亚里士多德仿佛读懂了他的心思，笑起来："我举个例子，你就能一下子明白。"说完，他找出一块泥板，在上面写了三句话：

人都会死。

苏格拉底是人。

所以，苏格拉底会死。

"这就是一个经典的三段论。其中，'人都会死'是大前提，'苏格拉底是人'是小前提，'苏格拉底会死'是由大前提和小前提推导出来的结论。总之，在三段论中，大前提、小前提和结论是缺一不可的。"

这么一看，三段论貌似是挺简单的嘛！费小罗跃跃欲试："我也来试试。猫都需要吃饭。索菲是猫。所以索菲需要吃饭！"

亚里士多德拍了拍手："非常好，这的确是一个非常标准的三段论。"

"这简直太简单了吧！"费小罗有点得意起来。

"是的，在我看来，人们的大部分观点都可以还原为三段论。比如，我刚刚还在街上听到有个人大声跟他的同伴宣称'鸡并不是鸟类'，在他看来，所有的鸟类都会飞，鸡不会飞，所以鸡并不是鸟类。你瞧，他在论证的过程中，就使用了三段论。"

"可他说得不对呀！鸡就是鸟类啊，我们都学过的！"

这个三段论怎么回事？怎么还会推出错误的结论？

（5）

亚里士多德笑出来："我从来没有说符合三段论，结论就一定是正确的。换句话说，三段论只是一种方法，并不是让你得出真理的万能公式。"

"那岂不是学不学它都一样？"费小罗垂头丧气起来，感觉一切都回到了起点。

"不要气馁，少年。三段论虽然不能保证正确性，但可以清楚地帮我们分析哪里出了错。就比如刚刚的三段论，它的结论不对，那一定是前提有问题。它的大前提是'所有的鸟类都会飞'，小前提是'鸡不会飞'，是哪个有问题呢？"

费小罗恍然大悟："大前提错了！'所有的鸟类都会飞'是错误的！这个世界上很多鸟都不会飞，比如鸵鸟、企鹅，它们都是鸟，但都不会飞！"

"是的，在三段论中，只有大前提和小前提都是对的，那么它的结论才会正确，否则就有可能出错。"

费小罗想起了妈妈关于学习与玩拼图的那些话，其实它们也可以用三段论的方式呈现：

所有不喜欢玩拼图的小孩学习都好。

林丽不喜欢玩拼图。

所以，林丽学习好。

所有喜欢玩拼图的小孩学习都不好。

费小罗喜欢玩拼图。

所以，费小罗学习不好。

…………

想到这里，费小罗有种豁然开朗的感觉。妈妈说的这些话，大前提都是错的，毫无依据！得出的结论更是荒谬，学习好不好跟玩拼图之间没有任何关系，她的话根本就是毫无逻辑。

"怎么保证自己的前提是正确的呢？"

"大前提一般是普遍的、归纳总结得到的。比如人都会死，或者猫都需要吃饭，这是我们千百年来归纳总结得出的结论，迄今为止，没有哪个人是不死的，没有哪只猫是不吃饭的，所以它就是正确的。"亚里士多德想了想继续说，"不过归纳总结也有局限，它常常与人们的经验和见识相关。比如，那个说着'所有的鸟类都会飞'的人，他大概一辈子没有见过你说的企鹅和鸵鸟这些不会飞的鸟，那么在他看来，他的大前提没有任何错误。我自己也犯过类似的错误，以前我一直以为所有的乌鸦都是黑色的，直到有一天我偶然看到了一只全身羽毛雪白的乌鸦，我才知道之前的判断是错误的。"

亚里士多德先生看到的，应该是一只得了白化病的乌鸦，费小罗心想。

"所以我们只能不断学习、不断增长见识、不断思考，不要扬扬自得，这样才能保证说出来的观点、得出来的结论尽可能是正确的。"亚里士多德停顿了一下，突然补充，"只保证前提的正确性还不够，我们也要警惕一种冒牌的三段论！"说完，亚里士多德在泥板上又写下了一段文字。

三段论还有冒牌的?! 费小罗好奇起来，连忙伸头去看。这不看不要紧，一看吓了一跳。只见亚里士多德写的是：

人已经在地球上活了几百万年。

你并没有在地球上活了几百万年。

所以，你不是人。

"这，这大前提和小前提貌似都是对的啊！没错啊！可这个结论怎么这么离谱？我肯定是人啊！"费小罗想半天也想不明白是哪里出了问题。

亚里士多德将第一句和最后一句中的"人"一字圈了出来。

"问题出在这里。"他轻声说道，"大前提中的

'人'指的是从古至今的人类整体，而结论中的'人'指的是作为生命个体存在的人，看上去是一个字，其实根本不是同一个意思。也就是说，它违反了同一律，偷换了概念，所以这是一个无效的三段论。"

"这也太隐秘了，我根本没有看出来。"

亚里士多德点头："的确十分隐秘，许多诡辩者都喜欢用这种方法来说服别人，不过只要你学习了基本的逻辑知识，勤加练习，你便能清楚地、有条理地思考、交流，而那些小伎俩也就不会再迷惑你的双眼了。"

"那是不是只要我继续学习逻辑知识，以后我也能像您还有索菲那样，一下子指出别人话里的错误？"

优雅的大哲学家忍不住笑出来："哈哈哈，少年，学习逻辑最重要的并不是指出别人的错误，而是要让自己变得更有逻辑，这样才能克服自身傲慢所带来的偏见，从而形成更加正确和理性的观点。而且，当你遇到一个完全不讲逻辑的人，你就会明白，对狡猾的诡辩者来说，逻辑是行不通的，你再怎么讲逻辑，他也会置之不理，依旧按照自己的那一套我行我素，与他们讲逻辑摆事实，不过是在浪费自己的时间而已。"

（6）

　　亚里士多德很忙，正如索菲之前说的那样，他博学多闻，忙着研究天文、物理、生物、伦理，就像一部活着的百科全书一样。所以，在探讨完一些非常初级的三段论之后，他们就匆匆道别了。

　　费小罗和索菲此时正漫步在雅典城的街道上。

雅典城给人一种很休闲的感觉，大大小小的方形广场上常常聚集着闲聊的人，随处可见漂亮的柱廊和圆形建筑，许多年轻男子在体育场中进行各种各样的训练，可谓是一片生机勃勃。但费小罗有点无心欣赏。

"唉，我还以为逻辑学起来会很快呢！"结果他只学了点皮毛，就已经觉得自己的脑子不够使了。

索菲照样趴在他的肩膀上："都说了，那是一门大学科！"

"而且，亚里士多德先生最后说，如果遇到一个根本不讲逻辑的人，你就算说破嘴皮子也没用！"这说的不就是妈妈嘛！在跟妈妈说到学习和玩拼图的时候，如果一开始还能用三段论来说明她的谬误，后面妈妈根本就是在诡辩，她简直就像个不讲理的强盗，把所有有利的东西都抢到自己那里去，你跟她讲道理，她只会用声音压住你。

索菲拍拍他的肩膀："如果你学习逻辑只是为了应对你的妈妈，那你就会错过很多有趣的东西。"

费小罗疑惑地看着索菲，不明白它说的有趣的东西是什么。

　　索菲突然跳下他的肩膀，引着他往一小撮人聚集的地方走去。走近一看是一个理发店，理发店外有一块牌子，上面写着：我只给雅典城里所有不给自己理发的人理发。

　　不就是个理发店吗？这有什么有趣的？费小罗心里狐疑。

　　这时人群里蹿出来一个看上去很机灵的小伙子，他笑嘻嘻地冲着理发师说："理发师先生，你这个规矩可太奇怪了！"

　　理发师不解道："哪里奇怪？"

　　小伙子问："请问，你能不能给自己理发呢？"

　　"这有什么关系吗？"

　　小伙子皱起眉说："关系可大了！如果你不给自己理发，那么你就是咱们雅典城里不给自己理发的人，你就应该给自己理发；可如果你给自己理发了，那么你就打破了自己的规定，因为你不为那些能给自己理发的人理发。"

　　理发师愣住了，费小罗也愣住了。

　　同样一句话，竟然可以同时得出来两种完全对立

的结论！听起来还都很有道理，实在是有趣！

"理发师的那一条规则，就是逻辑中的悖论。"索菲说道，"还有一个世界上最简单的悖论：我在说谎。如果我的确在说谎，那么这句话本身就是实话，结论反而是我并没有说谎；如果我没有说谎，那么这句话本身就是一个谎言，结论却是我在说谎。"

"这也太有趣了，越想越有趣！这句话既不是真的，也不是假的，根本就是无解的啊！不过，这些悖论除了有趣，似乎也没有别的作用。"

"有的时候，有趣反而是最重要的。悖论存在的意义就在于，它激发了人们的求知欲，推动人们对于某些问题进行更为深入的思考。"索菲歪了歪脑袋，"有的时候，悖论也会提供一个奇妙的看待问题的角度。比如，有一个著名的鳄鱼悖论。有一条鳄鱼抓住了一个小孩，鳄鱼对孩子的爸爸说：'我问你一个问题，如果你猜对了，我就放了你的孩子；如果你猜错了，我就吃了你的孩子。'于是鳄鱼扬扬得意地问：'你猜我想干什么？'"

索菲转头看着费小罗："如果是你的话，你怎么回答？"

费小罗绞尽脑汁，最终还是放弃了："唉！我哪里知道鳄鱼想干啥，万一我说对了，它非说不对，那岂不还是我的错？我似乎怎么回答都救不了孩子啊。"

索菲笑了："他的爸爸回答：'我猜你会吃了我的孩子。'这个回答让鳄鱼进退两难。你想想，如果鳄鱼最后吃掉小孩，那么爸爸猜的是对的，鳄鱼就要遵守约定把孩子放了；如果鳄鱼不吃小孩，那么爸爸猜的就是不对的，鳄鱼就应该吃掉小孩。所以鳄鱼吃也不是，不吃也不是！"

"最后呢？"

"最后啊，鳄鱼一直愣在那里，让爸爸有充足的时间找来了一个猎人，猎人开枪把鳄鱼打死了，救了小孩。"

"这位爸爸可真是聪明，利用悖论救了自己的孩子。"

"这只是一个故事，不必当真，现实中也根本不会有一只向你问问题的鳄鱼。我只是想说，逻辑不仅能帮你理清思路，辨别谬误，更关键的是还非常有趣！"

费小罗点点头。就这样，一人一猫沉浸在逻辑的趣味之中，顺利地回到哲学小屋，点亮了第四盏智慧之灯。

晚上费小罗写数学作业的时候，脑子里还想着这些那些跟逻辑有关的东西。

爸爸照例过来帮他检查作业，发现他有一处小数点写错了，便指了指，顺便开启了教育模式。

"小罗，你可太马虎了，小数点都能标错地方。你有没有听过'少了一枚铁钉，掉了一只马掌'的故事？就因为少了一枚钉子，所以战马的马掌没有钉好，马掌没钉好，战马摔了一跤，把骑在自己身上的大将给摔下去了，大将被敌人俘获了，最后战争输了，国家也亡了！你别小看一个小数点或者一枚钉子，细节决定成败啊，孩子！"

费小罗有种似曾相识的感觉。

他从容地把小数点改了过来，然后学着爸爸的语气，说："您这是滑坡谬误啊，爸爸！"

"啥？"爸爸一脸疑惑。

"你故意夸大了每两件事之间的因果关系，将可能的事说成是必然会发生的事，这就像加速滑下山坡的车一样，越滑越快，最终就得到了一个很不合理的结论——一颗钉子导致一个国家灭亡了。听上去似乎很合理，但根本经不起推敲！你想想，钉子没钉好马掌，有一定概率导致战马摔跤，但不是百分百！战马摔跤也有可能是因为这位将军骑马技术不行，或者马不小

心踩中了石头，崴了一下脚，根本跟钉子没关系。还有，大将军摔下马就一定会被敌人俘获吗？那他也太无能了吧！就算在马上，也不见得就能赢。最后，一场战争输了，国家就亡了？那只能说明这个国家之前已经输过无数次战争，才导致这个结果，根本就不是这一场战争的事情。所以啊，你这根本就是谬论！根本不成立。"

爸爸已经完全惊呆了，这还是他第一次被自己的儿子说得无法反驳。

而费小罗则一脸得意。

学点逻辑学果然还是有用的！

第 5 章

托马斯的列车

（1）

暑假期间，费小罗经历了两场葬礼。

第一场是一只小黑猫的葬礼。

小黑猫是他和爸爸一起在小区的花园里散步时捡到的流浪猫。其实这只小黑猫常常出现在小区里，很警觉，见了人就躲，爸爸之前好几次想要把它抓回去做绝育手术，都以失败告终。但是那天小黑猫却很反常地主动靠近他们俩，费小罗蹲下去摸它它也不躲，完全没了平日的机灵劲，像一只孵蛋的老母鸡一样，乖巧地蹲在他的脚边。

费小罗摸了之后才发现，这只猫瘦骨嶙峋的，身体还不正常地发热。爸爸也发觉出不对劲，带回宠物医院一检查才知道，这只小黑猫得了很严重的肝炎，大概已经拖了很长时间，各个器官都开始衰竭，几乎已经不可能治好了。

虽然希望渺茫，但爸爸还是努力地为它治疗。

作为一起捡到小黑猫的人，费小罗也很上心，每天放了学就会去爸爸的医院看望小黑猫，还会偷偷带去一些索菲的零食，因为它实在太瘦了，体形几乎只有索菲的一半。

但小黑猫的状况实在令人担忧，它几乎吃不下任何东西，如果强行喂进去，还会立马吐出来，只是靠着输液在维持着生命。费小罗看得很难受，它发黄的耳朵和鼻头、郁郁寡欢的精神似乎都在说明——它的生命正在不停流逝。

终于在一周后，小黑猫没挺住去了喵星。

费小罗最后抱了抱小黑猫，很瘦很轻，明明活着的时候那么柔软，此刻却僵硬无比，仿佛是一尊木雕。费小罗回到家后，抱着索菲难过了很久。

第二场葬礼是爷爷的。

爷爷刚过完八十大寿不久，便在睡梦中猝然离世。费小罗听到消息的时候，整个人都是蒙的，他觉得一定是什么人搞错了，因为爷爷的身体一向很棒。他匆匆忙忙地跟着爸爸来到爷爷家，爷爷家门口反常地挤满了人，周围的邻居似乎全都出来了，他们全都用一种奇妙而又怜悯的眼神看着费小罗，窃窃私语：

"真的是太突然了。"

"是啊，谁能想得到呢……"

"听说他最疼这个孙子……"

费小罗感觉很不好，他穿过人群，看到爷爷一动不动地躺在那里，身体跟小黑猫一样僵硬。妈妈和两位姑姑已经哭作了一团，费小罗脑子依然是蒙蒙的，但眼泪却止不住地流下来，渐渐地越哭越难过，最后直接变为号啕大哭，整个人也不停颤抖起来，他明白爷爷的生命已经停止了，他永远从这个世界消失了。

这是费小罗第一次品尝到亲人离世的痛苦。葬礼期间，他的眼睛都要哭肿了，葬礼结束后回到家里，他觉得生活似乎又恢复了以往的模样，毕竟平时爷爷也不跟他们住在一起，家里没有爷爷的身影，他也并没有觉得很奇怪，费小罗好像暂时从难过的情绪中解脱了出来。

几天后的某个晚上，费小罗做了个梦，梦见爷爷带他去买冰激凌吃，买完了冰激凌，他们走到一座小桥上，爷爷跟他说："你先过去，爷爷回去拿个东西，一会儿追上你。"费小罗说好，就自己过了桥，在桥那头一边吃冰激凌一边等着爷爷，可是等了好久，冰激凌都吃完了，爷爷也没有出现，然后费小罗就醒了。

　　醒的那一刹那，费小罗还想，一定要跟爷爷说这个梦，让他给自己买冰激凌吃。然后突然又记起来，

爷爷已经去世了，心脏一瞬间就被巨大的难过揪住，他偷偷在被窝里哭成了个泪人，一边哭一边想，这个世界上哪还会有爷爷能给自己买冰激凌啊。

（2）

索菲是被费小罗的哭声吵醒的。

"你在难过什么？"

费小罗掀开被子，红着眼圈问："索菲，你说人为什么会死呢？为什么不能一直活着呢？"

"生命都是有限的，不单单是人，动物也是一样，会生病，会衰老，还会遇到各种各样的意外，总之，从我们出生那刻起，死亡就是注定的。"

"难道就没有什么可以避免死亡的方法吗？"

索菲笑出来："你这个问题，中国古代的许多皇帝倒是想过。比如在两千多年前的秦朝，秦始皇就很想长生不老，追求永生，不仅派人为他寻找长生不死的方法，自己还寻访各地亲自去找，结果他在寻访的途中不幸生了一场大病，很快就死了。你看，皇帝们都成功不了的事情，普通人就更不用说了。"

费小罗难过地叹了叹气："那已经死了的人有可能复活吗？"

"你这个问题，古埃及人也想过。他们设想出一位死神，叫阿努比斯，古埃及人死后都必须要经过死神阿努比斯的审判，审判的方法是称量心脏。阿努比斯会把死者的心脏放在天平的一端，另一端则放着象征真理的羽毛，如果这个人的心脏比羽毛还要轻，那么他的灵魂就会获得不朽，虽然他现在死了，但总有一天灵魂会重新回到身体里，从而复活。所以古埃及人不都喜欢在人死后，把躯体做成木乃伊吗？那就是为了保住身体，以期待某天可以复活。"

"那有人复活成功了吗？"

"没有，那些木乃伊不是长埋于地下，就是被送进了博物馆，没有一个能复活的。"

"唉，"费小罗又叹了口气，"看来死亡是不能避免的，人死也不能复生，这可真让人害怕。"

索菲舔舔爪子："死亡意味着生命的结束，吃不到美食，看不到美景，也玩不了拼图，你是因此而感到害怕吗？"

费小罗点点头，又摇了摇头："这些事当然很可怕，但现在我觉得除了这些，死亡更可怕的是代表着永远的离别。尤其是亲人的死亡，我们再也见不到自己爱的那个人，就像我的爷爷，不管他多疼我，多想着我，我多么爱他，可是死亡降临了，我就再也见不到他了，在这个世界上任何角落都找不到他，我和他永远永远地分别了……"说着说着，费小罗眼眶又湿了起来。

他想起自己五岁那年，在爷爷家不小心打碎了一只玻璃杯，他伸手去捡那些碎片的时候，手指被割破了。他眼睁睁地看着血从伤口中涌出来，然后滴到地上，那是费小罗第一次真正感受到生命是很脆弱的，人也是会死的。

他难过地跑去问爷爷，怎么样才能不死？爷爷笑着说，只要你乖乖听妈妈的话就不会死。这虽然是爷爷的善意的谎言，但是的确成功地让五岁的费小罗瞬间不难过了。如今，他再一次陷入了对死亡的悲伤之

中，却已经没有人能为他提供善意的谎言了。

索菲没有说话，只是静静地守在一边。

"你难道不害怕死亡吗？"费小罗问索菲。

"这很复杂，在我们哲学猫看来，死亡不是一件好事，但也不算是一件坏事，所以我很难直接跟你说害怕还是不害怕。我只能说，在哲学的世界里，死亡并不是一件绝对糟糕的事。"

"死亡还不是一件绝对糟糕的事？我根本想不出比

死亡更糟糕的事情了！"

索菲歪了歪脑袋："可是你不是经常会说诸如'让我早起比死还难受''不让我玩拼图不如让我去死'这种话吗？听起来，你似乎经历了很多比死亡更糟糕的事情。"

"那只是一种夸张的比喻，我只是在形容那些事情让我感到很痛苦。"

"所以，其实当你说'不如死了'的时候，你是觉得一旦死亡这些痛苦就不会继续了，对吧？这样说来，那么死亡也没那么糟糕啊。就连中国古代的大圣人孟子都曾说过'死亦我所恶，所恶有甚于死者，故患有所不辟也'，他这句话的意思是，他也讨厌死亡，但是这世上还有比死亡更让他讨厌的事，所以，虽然有些事可能会让他死亡，但如果不做这件事就得面对那些更讨厌的事，那他宁愿去死。你看，连圣人都觉得死亡并不是最糟糕的。"

费小罗被索菲说得有点发蒙，他愣了一会儿，突然掀开被子坐起来，眼睛变得炯炯有神起来：

"索菲，我们现在能进入哲学的世界吗？"

（3）

这是费小罗第一次主动要求进入哲学世界。

索菲也感到有点惊讶："所以，你是想问关于死亡的问题是吗？"

"是的，我只是在害怕死亡，却从来没有认真思考过死亡是什么。"说到这儿，费小罗又有点庆幸，"不过，我真的没想到，我想进来竟然真的就能进来！我以为只有等时间开始循环了，才有资格进入哲学世界呢。"

"当然不是，时间循环是哲学思考没有完成时的待机状态，真正能触发哲学之旅的还是你内心的疑问。"

话音刚落，一扇白色的大理石门已经呈现在他们面前。还没等索菲开口邀请，费小罗就拉着索菲快步走进去，他第一次对哲学之旅产生了一种迫不及待的感觉。

穿过大门后，他们来到了一个光线非常昏暗的地方，过了好一会儿，费小罗的眼睛才慢慢适应。他发现自己似乎正身处一个地下室一样的地方，环境肮脏又简陋，空气中还弥漫着一股让人不舒服的潮湿的霉味，十几个身穿白色袍子的青年男人正挤挤挨挨地拥簇着一个胡子花白的老头坐着，每个人的神情都很凝重。

"这是哪里？"费小罗照例先小声问索菲。

"这里是雅典城的监狱。"

"监狱？"费小罗紧张起来，"那这些人就都是关在监狱里的犯人喽！我们待在这里岂不是很危险？"

索菲摇摇头："不，不，只有坐在最中间的老者才是。其他人都是来看望他的学生，因为老者就要被处死了，所以他们想陪他走完最后一段时光。"

"被处死？"费小罗看了看那位坐在中间的老者，大扁脸、凸眼睛、朝天鼻，虽然长得不太好看，却露出一脸慈祥，并不像个十恶不赦的需要被处死的大坏蛋。

"他是谁呀？"

"他就是苏格拉底。"索菲轻声回答。

听到"苏格拉底"四个字，费小罗感到心中一震，原来他就是苏格拉底，柏拉图先生的老师，那个为了真理而死的人。

突然，人群中传来一声悲痛的恳求："苏格拉底，我亲爱的老师，不如选择流放吧，作为雅典城的公民，选择流放的话可以免除一死。"

另外一个人也赶紧附和："如果您不愿意流放，那我们就趁机逃走吧，我已经买通了狱吏，他们对您都很同情，船也早早地就准备好了，完全有机会离开这个鬼地方。"

即将被处死的苏格拉底却显得十分平静："你们也说我是雅典城的公民，一个好的公民就是要遵守本城的法律不是吗？既然雅典的法律判处我死刑，那作为一个好公民，我必须去死。"

他的学生和朋友们发出一阵哀号："唉，苏格拉底，都这个时候了，我们知道你愿意接受死亡，但你应该与之抗争，既然能活着，为什么非要死呢？"

苏格拉底看着他们，突然笑起来："可我并不觉得死亡就是一件坏事。人们畏惧死亡，是因为觉得死是最坏的境地，但也许相反呢？"

"什么意思，死亡难道还能是好事？"

"我们对于死亡是无知的，根本没有这方面的知识，但我们可以合理地去推测。人死无非是两种情况，第一种情况，死亡是一种完全的湮灭与毫无知觉，就好比进入了一个平静的无梦的睡眠中一般，如果是这样的话，那么死后的绵绵岁月不过是一夜而已，有什么可怕的？"

苏格拉底说着说着站了起来，如同平日里与学生们探讨问题那样："第二种情况，死亡会让灵魂从我们的身体中脱离出来，去往另外一个地方。如果是这样的话，对一个哲学家而言，这反而是一件好事，因为我可以不受肉体的拖累，尽情地思考。而且所有的灵魂都会去往一处，那我就可以见到许多已故的哲学家和大学者，尽情地与他们交流，收获更多的智慧……实在是没有比这个更幸福的事情了！所以，我亲爱的朋友们，你们又何必为我哭丧着脸呢？"

众人默默不语，他们心里十分清楚，苏格拉底一旦做了决定便不会回头，这大概是最后一次聆听他那充满智慧的演讲了。

（4）

苏格拉底转头对站在自己身边的男子说道："时间差不多了，克里托，没必要再拖延时间了，让狱卒们去准备东西吧。"

他说完就继续侃侃而谈，为几名年轻人解答疑惑。

被唤作克里托的男子，小声地提醒他："请您少说一点话吧，苏格拉底。如果说话太多，身体发热，毒药会起效很慢，那么您到时候会遭很多罪的。"

一直处于观察者视角的费小罗忍不住问索菲："什么毒药？"

"毒芹汁，就是用来处死苏格拉底的毒药。"索菲回答。

费小罗听得心里难受起来："他马上就要被毒死了，竟然还有闲情逸致在这里为别人答疑解惑？"

"苏格拉底一向如此，他最喜欢的就是跑到街上或者广场上，与各种各样的人交谈，通过不断地提问和引导，让这些人摒弃谬误，获得真知，同时形成自己的思考。这个习惯大概已经深深刻在他的骨子里，就算是快要死了，也依然改不了。"索菲突然叹了口气，"不过，也正是由于这个习惯，苏格拉底才给自己招来了此次的杀身之祸。"

"帮助别人摒弃谬误，获得真知，难道不是一件大好事吗？怎么会有杀身之祸呢！"

　　索菲看了看费小罗："你还记得柏拉图带你看的那些洞穴里的人吗？那个走出过洞穴的人努力地想让自己的同伴跟他一样，摒弃谬误，获得真知，他做的难道不是一件大好事？可他的下场又怎么样呢？"

　　走出过洞穴的人眼睛瞎了，但即使瞎了，他依然不停地向同伴描述外面世界的美好，希望同伴也能走出洞穴，看见他所看过的世界。但他的同伴觉得他实在太吵太烦人了，就一起把他杀死了。

　　费小罗沉默了。

　　他想起柏拉图与他说的最后那句话——我的老师苏格拉底就是那个曾经走出过洞穴的囚徒，他是为了真理而死。此时此刻，此情此景，他好像终于明白了这句话的含义。

　　最后的时刻终于到来了。

　　一名穿着暗黄色袍子的侍从，端进来一只金灿灿的杯子。在场的所有人都不愿意直视那只杯子，因为里面装着的是即将结束苏格拉底生命的毒药。

　　苏格拉底对那名侍从说道："你是毒药专家，请告诉我该如何做。"

那名侍从回答道："你喝下这杯毒药后，不断地来回走动，直到你的双腿感到沉重，然后躺下让毒药发挥作用就可以了。"

苏格拉底点了点头，坦然接过杯子，一饮而尽。在场的他的学生和朋友们，再也抑制不住自己的感情，泪如雨下，有的甚至号啕大哭起来。

"你们为什么要哭？难道你们认为我在做一件不明智的事吗？从我们出生那天起，死亡就已经是注定了的，所以安静些吧，朋友们，让我在宁静的心境中迎接死亡。"

苏格拉底走到双腿发沉，便仰面躺下，自己盖上了白布，如同要中午小憩一样自然。他突然想起什么，又掀开白布说道："克里托，我还欠阿斯克勒庇俄斯一只公鸡，记得帮我还上。"说完又自己重新盖上白布，不久便完全失去了知觉，一个伟大的生命就这样平静地走到了尽头。

（5）

随着苏格拉底的死亡，雅典监狱里的景象也在费小罗眼前消失了。

细算起来的话，继在广场上被烧死的布鲁诺、小黑猫和爷爷的去世之后，这已经是费小罗第四次直面死亡了。布鲁诺的死亡让他感到愤怒和无奈，小黑猫的死亡让他觉得惋惜，爷爷的死亡让他品尝到离别的苦痛，而苏格拉底的死亡却第一次让他感到平静——原来一个人在面对死亡的时候，还可以这么从容，就连最后一句遗言都只是交代了一件普通的琐事，就好像明天依然会再相见一般。

但他心里还是涌起一股怅然若失的感觉。

"咦？奇怪！"索菲突然喊了一声，"这是哪里？"

费小罗被索菲的声音吸引，也终于发觉了不对劲。按理说，一段哲学旅行结束后，他们就会回到哲学小屋，但是此刻他们俩却站在一块奇怪的指示牌下面，周围一片漆黑，什么都看不见，如同虚空一般，只有这块指示牌在无边无际的黑暗中发出莹莹的微光。

　　他们走近了一点才看清，这块指示牌其实是一个计时器，正在倒计时，时间显示还剩下十分钟。

　　费小罗本来就喜欢胡思乱想，眼前这诡异的场景让他的大脑皮层分外活跃，他咽了口唾沫，小声对索菲说："这个不会是咱们俩生命的倒计时吧？"

　　"这里是哲学的世界，又不是死亡游戏，怎么会有生命倒计时这种东西？"

　　"可我们这次思考的主题就是死亡啊。"

　　索菲没有继续反驳，因为这个倒计时的确很奇怪，它一时也搞不清楚这个东西的作用是什么，便顺着问道："那如果你的生命只剩下十分钟，你最想干什么？"

　　费小罗脑子里闪过很多想法，有宏大的愿望，比如登上月球看看，也有微小的愿望，比如吃零食吃到饱，但最后他发现自己最想做的竟然是一件再普通不过的事。"我想立马回到家，和爸爸妈妈待在一起看看电视、聊聊天。"当生命变得有限时，重要的事情和不重要的事情一下子变得一目了然。苏格拉底在死前能那么从容，依旧侃侃而谈、与他人辩论，会不会也有一部分原因是他正跟自己重要的朋友一起做着热爱的事情呢，费小罗想。

十分钟很快就到了。

时间清零的那一刻，什么都没发生。费小罗正感到失落，突然传来了一阵巨大的轰鸣声，接着一辆火车由远及近缓缓驶来，正好停在了他们面前，车门也"轰"地应声而开。

费小罗和索菲对视了一眼，除了上车他们似乎也没有别的选项。

上车之后他们才发现，车里坐着一位头发花白、体形微胖的老先生。

"你们好，我是托马斯，也是这趟列车的向导。"他主动介绍自己，"见到你们实在是太高兴了，已经很久没有人乘坐我的列车了。"

这么偏僻又漆黑的地方，会有人来才怪，费小罗心想。

托马斯一脸苦恼："唉，没人来也的确是正常的，毕竟现在的很多孩子都不愿意思考关于死亡的问题了。"

"你的列车不受欢迎跟思考不思

考死亡有什么关系？"费小罗表示不解。

"你不知道吗？我这趟列车是哲学世界里唯一的一趟死亡号列车，关于死亡的任何疑问都可以在这趟旅途中获得解答。"

死亡号列车？费小罗有点哭笑不得，光是这个名字估计就能吓跑一堆人，不知道的还以为坐上去就会有去无回呢。

（6）

"我们刚从苏格拉底那里过来，他可真是个了不起的人，面对死亡依然那么平静，我大概永远也做不到吧。"费小罗说这话的时候，列车已经重新开动了，由于行驶在一片漆黑之中，所以透过窗子他什么也看不到。

托马斯笑了笑，说："你没必要为此遗憾，少年，很多人都做不到，包括大人在内。像苏格拉底那样的大哲学家在死亡面前依旧能保持从容，得益于他丰富的思考。其实，除了苏格拉底，很多其他的哲学家也认为死亡是一件无须恐惧的事情，比如古希腊有位叫伊壁鸠鲁的哲学家，他有个很有趣的观点——当我们活着时候，死亡还未发生；当死亡发生的时候，我们已经失去了所有感觉，那么它也伤害不到我们，所以死亡有什么可惧怕的呢。"

"但死亡会让我们失去生命，这难道不可怕吗？"

"失去生命有什么可怕的呢？"托马斯继续问。

"没有生命的话，很多有趣的事情我们就都做不了了。比如我死了的话，我就没有办法玩我最喜欢的拼图，见不到我亲爱的爸爸妈妈，也没有办法去看很多美丽的风景，吃好吃的食物！"

"你的意思是，死亡会夺走你生活中所有好的东西和好的体验，所以才让人害怕，对吧？"

"嗯，差不多是这样。"

"你的想法确实很有道理。"托马斯边说边拿出了一个像遥控器一样的装置，按了一下，原本漆黑的列车玻璃窗上瞬间出现了很多画面。

画面原本都十分美好，比如，孩子们在玩游戏、

亲人团聚，还有些人在吃美食看美景，正是费小罗刚
刚提到的那些。但一会儿，画面一转，那些美好的景
象消失了，开始出现一些让人不太舒服的画面，比如
病人躺在病床上痛苦地呻吟，黑暗的角落里孤独的身
影无依无靠，还有各种各样的犯罪，等等。

托马斯继续说："但生活中并不是只有好的东西和好的体验，也有很多不好的，比如病痛、孤寂、罪恶等等，而死亡能夺走这些不好的东西，这样看来，死亡是不是也没那么糟糕呢？"

费小罗看着列车玻璃上呈现出来的那些不幸的画面，愣住了，他好像的确只看到了生活中美好的一面，却忽视了人生中不可避免的阴暗的一面。

"的确是这样，我想得太简单了。可是，托马斯先生，长辈们常说'好死不如赖活着'，虽然生活中也有很多不幸，但我觉得人们还是更看重那些好的东西和好的体验，而死亡一旦降临，人们就没有办法继续获得这些美好的体验，所以他们才惧怕死亡！"

托马斯没有立马回答，而是又摆弄起手里的装置，玻璃窗上的画面又开始变化。这些画面都是费小罗没有看到过的，有些是古代的宴会，有些是现代的音乐节，还有些是新的国家的建立，等等。

"你瞧，少年，这都是在你出生之前这个世界上发生的事情，没有见证这些美好的时刻，你一定觉得很痛苦吧？"

费小罗觉得匪夷所思，不明白托马斯先生为什么突然问这个。

"我为什么会觉得痛苦？你也说了，这些都发生在我出生之前，那它们其实都跟我没有关系，既然没有关系，我又为什么会觉得痛苦？"

托马斯笑起来："说得好！那如果你死了，在你死后发生的那些美好的事情，其实也都跟你没关系了，你是不是也没有必要为了不能继续体验它们而感到痛苦呢？"

费小罗又一下子愣住了。

这些哲学世界里的人，真的是太可怕了，他们的语言和思想就像一把超级锋利的刻刀，不停地在他的大脑里凿出一个又一个洞。

（7）

不得不承认，在与托马斯先生交流过后，他好像对死亡有了新的认识，而不再是单纯的恐惧。

费小罗想到了死去的爷爷，忍不住又伤感起来：
"托马斯先生，一个人就算对自己的死亡毫不惧怕，但
是在面对别人，比如亲人的死亡的时候，
还是会崩溃难过的啊！就像苏格拉底
的朋友们，他们一直希望他能赶紧
逃走，虽然苏格拉底自己
并不惧怕死亡，但是他
的朋友们却害怕失
去他。我自己也
是这样，我只
要想到我的
爸爸妈妈有

一天会离我而去，我就既害怕又难过。"

托马斯感受到了他的悲伤，便走过去给了他一个拥抱。

同时车窗玻璃又变换了画面，一位中国古代男子出现在画面之中。他刚刚死了妻子，脸上却看不出一点悲伤，反而一边敲着盆一边唱起歌来。

他的朋友前来吊唁，看见了这个场景非常生气，便指责他："庄周！你实在太过分了，你的妻子与你相伴到老，替你养育子女，她死了你不难过就算了，竟然还唱歌庆祝！"

那男子回答："我一开始当然也难过得要命。但是我一想，人的生命与其他万物的生命一样，都是一段过程，出生、长大、衰老、死亡就如同春夏秋冬一样自然。如果孩子会走路了，你会默哀他不再是婴儿吗？如果一个人及冠（成年）了，你会为他失去童年感到难过吗？我们并没有把生命过程中的其他部分看成是坏事，那为什么唯独将死亡看成是坏的呢？所以，如果我们庆祝新生命的诞生，庆祝生日，庆祝成年，那我为什么不能庆祝死亡呢？我的妻子也只是完成了生命的最后一个部分而已啊。"

他的朋友听得目瞪口呆。

同样目瞪口呆的还有费小罗。

"我可没办法像这位庄周先生一样，不但不难过，反而高兴地唱歌，不了解他的人一定会觉得他是个疯子。"

托马斯被逗笑了："他是中国有名的大哲学家庄子，可不是个疯子。不过，他对死亡的看法即便是放到现在也的确太超前了。我让你观看这些的目的，并不是要你向他学习，这些大哲学家的行为与思想并不是唯一的真理，你只需要参考，获得有用的部分，没必要跟他一样。"

费小罗想了想，说："这位庄周先生可能只是在说，死亡是人生不可避免的结局，既然不可能避免，那不如看淡一些。"说到这里，费小罗又忍不住叹气，"看淡生死，可真是不容易，我现在肯定是做不到的，一想到我爱的人会死，我就难过得发抖。"

"这是人之常情，孩子。再伟大的哲学家，再缜密的逻辑，再精彩的推理都没有理由阻止你爱自己的家

人，并为失去他们而感到难过。不过，你害怕的可能
并非是死亡，而是你爱的人死去，而你被独自留下。"
说完，托马斯又给了费小罗一个大大的拥抱，"死亡其
实就是给你圆满或者不圆满的一生做一个结束语，不
管你是不是依然惧怕死亡，其实这都不是最重要的，
重要的是你已经在思考它了，而我们思考死亡的最终
目的是为了过好每一天。"

原来死亡并不是冷冰冰的、令人恐惧的，它也能
点燃一些温暖的东西，费小罗感觉自己获得了前所未
有的宝贵的思考。

关于死亡的哲学之旅在温馨的话语和拥抱中结束
了。一人一猫回到哲学小屋，顺利地点亮了第五盏灯。

（8）

"可是人类真的害怕死亡吗？"回家后，索菲突然
自言自语起来。

"你为什么这么问？大部分人肯定是害怕死亡的，

有些人连'死'字都听不了。而且，我在哲学世界里转悠了那么一大圈，有那么多的哲学家给我指导，我都依然觉得死亡是可怕的，其他人更不用说了。"

索菲摇了摇尾巴："我不是那个意思，我的意思是说，人类真的把死亡当回事了吗？你想想，一个人如果害怕死亡，那么他一定会想方设法地让自己活得更久，对吗？"

费小罗点点头表示赞同。

"但奇怪的是，人类却不是这样。很多人嘴上喊着害怕死亡，却总是做一些会把自己推向死亡的事情。比如，常常抽烟、喝酒、熬夜，甚至吸毒来毁坏自己健康的身体；每天不停地制造垃圾与污染，来毁掉赖以生存的地球；引发各种战争、制造病毒，从而造成规模更巨大的死亡……所以，人类到底是喜欢死亡还是害怕死亡呢？"

费小罗愣住了，他好像还从来没有从这个角度想过。

爸爸有的时候就会喝酒，逢年过节，和那些叔叔大伯凑一起恨不得一醉方休。酒精对人是有害无益的，但他们并没有因为自己喝了酒更靠近死亡而感到难过，反而都很开心。同样地，很多人在熬夜打游戏的时候，也都很开心；那些为了省钱省事而污染环境的人，也常常为自己的小聪明感到得意；至于战争，离他还有点遥远，不过听爸爸说很多军火商都发了财，估计他们也都很开心吧！这么一想，人类貌似一点也不害怕死亡。

"人类大概并不觉得自己做了这些事会导致死亡吧。"索菲又说。

可不是嘛！

喝酒是为了快乐，熬夜玩游戏是为了快乐，污染环境却省钱省事很快乐，引发战争买卖军火挣大钱也很快乐！他们只顾得上快乐，哪里看得见死亡啊。他们只看得到眼前，却总是忘记得到的一切都有代价。

"唉！人类真是目光短浅。"索菲感慨完，便窝在费小罗的枕头上睡着了。

人们害怕死亡，却时刻制造死亡，真是讽刺。或许这些大人更需要来一次关于死亡的哲学之旅吧！费小罗躺在床上，迷迷糊糊地想。

第 6 章

柯尼斯堡的星空

（1）

费小罗得了水痘。一开始他只是感觉有点不舒服，浑身酸痛没力气，当天回家后就发起了烧。妈妈以为只是普通感冒，给他吃了退烧药便让他好好躺着休息。结果第二天醒来，他脸上起了很多红色的小疹子。妈妈吓了一跳，掀开被子一看，费小罗的身上也全是疹子，有一些疹子上还冒出了透明的水疱。去医院一检查，竟然是水痘！

医生说水痘这种病有很强的传染性。为了不传染其他同学，费小罗只能请假在家隔离养病。水痘发作起来真要命，又疼又痒，还不能抓，因为抓破了会留疤。费小罗难受得吱哇乱叫，吃也吃不香，睡也睡不好。更糟糕的是，没过两天，贴身照顾他的妈妈也被传染了。这下子一家三口全都请假隔离了，他和妈妈是养病，爸爸则是要伺候病人。前前后后十几天，爸爸妈妈不能去上班，费小罗也不能去上学，一家三口就像突然停摆的时钟一样。

一开始费小罗虽然很难受，但是挺过了最痒最疼的那几天后，心里就开始有点兴奋了。啊，不用早起上学了！不用听无聊的课了！每天躺着就行。只要身体允许，基本上想干啥就能干啥，爸爸还会送水果给他吃，这不就是他一直以来期待的美好假期生活吗！

但这种惬意的生活过了几天后，他就有点受不了了。因为水痘有传染性，所以除了去医院以外，他就只能待在家里闷着，时间长了，他就开始不得劲了。在家里实在是太无聊了！他虽然不属于特别爱学习的学生，但是到底也是个学生。一想到同学们都在学校正常上课，而自己只能待在家里，他就有一种被落下的感觉。他甚至有天晚上做梦梦到自己回到学校上课，上的还是他不太喜欢的英语课，但是梦里的他超级开心，醒来后他自己都震惊了。

最关键的是，在家里他时时都被爸爸妈妈盯着，妈妈稍微好些后，就开始盯着他学习，一家人常常因为辅导作业，闹得鸡飞狗跳，实在是难受！都说距离产生美。平时爸爸妈妈忙着上班，他忙着上学，晚上回家总是感觉很放松；现在天天待在一起，从早到晚，大眼瞪小眼，没有工作可忙的爸爸妈妈不自觉地把注意力都放在了他身上……你能想象有俩老师随时盯着你的感觉吗！

　　"为什么我要待在家里，我需要自由！"费小罗大声抗议。

听见喊声，爸爸走进来，从早上到现在，爸爸已经在客厅里来来回回转悠了好几圈了，费小罗还以为爸爸是来教育自己的，没想到他突然叹口气说道："我理解你小罗，我也不想待在家里，我也需要自由。"

"你又不用像我一样写作业，我看你挺自由的。"费小罗满脸质疑。

"不用写作业就是自由？"爸爸露出一副哭笑不得的表情，"那我问你，我现在想出门遛弯吃大餐，可以吗？"

费小罗摇头，出门会传染别人的！

"你妈妈想去超市买菜可以吗？我现在想赶紧去医院做一台手术，可以吗？"

费小罗还是摇头。妈妈现在脸上的水痘还没结痂。

"你看，我想做的都做不了，你怎么能说我自由呢？"说到这里爸爸又忍不住叹起气来，叹完气就走出他的房间，继续在客厅里溜达。

一直睡觉的索菲被聊天的声音吵醒，它伸了个大大的懒腰，舔了一会儿毛，换了个姿势又继续躺下。费小罗看着它舒服的样子，忍不住问道："索菲，你整天都待在家里，不会觉得很不自由吗？"

索菲动了动毛茸茸的耳朵："我现在是一只宠物，宠物当然要待在家里。"

"难道你不想像小区里的流浪猫那样，在草地上随意打滚、爬树、追小蝴蝶吗？想玩什么就玩什么，想吃什么就吃什么，那多自由自在啊！"

"它们看起来的确是自由的，但是这些自由是有代价的。它们虽然可以在草地上随意打滚，但那是在春天或夏天暖和的时候，一旦到了冬天，这些流浪猫就必须找到可以取暖的地方，不然就会被冻死。虽然它们可以想吃什么就去捕猎，但事实上它们每天都要为食物和干净的水源发愁。而且，如果不小心生病了，也只能自己挨着，没有人会去帮它们治病……现在你还觉得它们自由自在的生活很快乐吗？"

费小罗愣了愣："听你这么一说，自由似乎并不是一件好事呀。"就像那些流浪猫，看上去自由自在的，其实生活里反而处处受到限制。

索菲没有肯定也没有否定，只是突然问他："你觉得自己现在是不自由的吗？"

　　费小罗使劲点点头："我觉得整天在家里待着就跟罪犯被关在监狱里一样，很憋屈，我都要长蘑菇了！我都要发霉了！我希望我现在就能出门，这样我就自由了！"他越说越激动，恨不得长出翅膀从窗户飞出去。

索菲看着他手舞足蹈的样子，摇了摇尾巴："那你有没有想过，你被隔离在家是因为你得了水痘，而水痘是会传染的。如果按照你的想法，现在就出门，四处溜达，那么病毒就会到处传播，其他人就会因为你而感染，也得卧病在家，你不会为此感到内疚吗？你是自由了，但被你传染的人却因此不自由了。再换个角度，如果小区里还有其他患上传染性疾病的人，也跟你一样不隔离，只想着自己能自由自在地到处玩耍，那么你就可能被传染上更多疾病，睡也睡不好，吃也吃不下，甚至还有可能有更危险的情况出现，那时你还觉得自己是自由的吗？"

费小罗呆住了。

他好像把自由想得太简单了。他一直认为，自由就是随心所欲，爱干啥就干啥。为什么在索菲的话里，这样的自由反而最后都会导致不自由呢？那自由到底是什么？

（2）

晚上吃饭的时候，电视上正好播放着新闻，还是
国际新闻。

新闻里播放着某个国家有上千人正在举行抗议游
行，他们拉着横幅，举着旗子，高喊着"自由"，情绪
激烈地反对儿童接种疫苗的政策，他们大喊："我们要
自由！"

"我们要自己做主！"

"我们不会服从！"

…………

费小罗有点不能理解，便问爸爸："打疫苗不好吗？"

"当然好啦。打疫苗可以增强我们身体对病毒的免
疫力，是我们和疾病做斗争的强大武器，你小时候就
打过很多疫苗呢。这些疫苗是很多科学家经过大量实
验才研究出来的，比如，你刚出生时接种过的卡介苗
就是一百多年以前的两位科学家花了十三年的时间才
研制出来的！而且疫苗的作用很强大，在很久之前，
有一种叫作'天花'的疾病，跟水痘一样有传染性，

但是比水痘厉害一百倍，致死了很多人，当时的医生都拿这种病没有办法，就连清朝的一位皇帝都因为得了天花死了，所有的太医都束手无策，你想想这病多可怕！但是后来，一位英国的医生研究出来了对付天花的疫苗，所有打了疫苗的人都不会得天花了。随着全世界人都接种这种疫苗，天花这种疾病就从世界上消失了。你看，疫苗是不是很厉害！"

"既然打疫苗这么好，那这些外国人为什么还要抗议啊？"

爸爸喝了一口粥，说道："大概是觉得妨碍他们的个人自由了吧。很多外国人都喜欢强调个人自由，在他们看来，打不打疫苗是个人选择，我想打就打，你怎么能要求我去做呢？你如果要求我做这些，就是在侵犯我的自由，我就不高兴、不幸福。所以他们就要抗议。"

难道不打疫苗，就自由了，就幸福了吗？

"如果不打疫苗，那么他们不就有可能感染那些原本可以被预防的疾病，比如你刚说的天花，说不定还会有人因此失去生命呢，最后遭罪的还不是自己吗？

这些外国人的自由可真奇怪。"费小罗忍不住摇摇头。

爸爸扑哧笑了出来："你这几天不是在家里天天喊着要自由、要出门，你的行为不就跟这些外国人差不多吗？"

"你还说我！爸爸你不也觉得不自由吗？想出去遛弯，想去医院做手术来着！"

爸爸被费小罗反驳得有些不好意思："咳，那也只是想想。我当然不会真的跑出去，毕竟现在看似牺牲一部分行动自由，却可以保护更大的自由，还是很值得的。"

牺牲掉一部分自由，却可以保护更大的自由。费小罗又疑惑了，难道自由也分大的和小的吗？

费小罗还没想明白这个问题，电视上又接着播放下一条国际新闻了。这条新闻更让人不安，说的是某国的两个地方都在同一天发生了枪击案，死了十几个人，还有好几十人受伤。仔细想想，居家隔离的这几天，费小罗一直陪着爸爸妈妈看新闻，貌似关于枪击的国际新闻经常会出现。

"这个国家怎么有这么多枪击案啊！"

"因为在这个国家，拥有枪支被看成是重要的个人自由权利之一，他们那里的人买把枪是相对容易的，估计觉得只要有了枪，就可以保护自己的生命安全吧。但是呢，有些居心不良的人有了枪之后，就会想用它来伤害别人。"

费小罗看了看新闻上人们受伤的画面，更加不理解。保护安全他没看出来，倒是看到好多人都因为枪失去了生命！爸爸说拥有枪支是这个国家的人非常重要的个人自由权利，可是这个自由却让很多人失去了生命的自由。

"自由"明明听上去是一个很美好的字眼，为什么会导致这么多可怕的后果？

费小罗想起来自己之前看过一个纪录片，讲的是一群跟他同龄的孩子来到一座大房子里共同生活一段时间。房子超级豪华，里面还会提供各种各样的美食、游戏和娱乐设施，总之，想要什么就有什么，最重要的是，不会有任何一个大人会来这里看管约束他们，他们想干什么就干什么！

费小罗也心生向往，啊，如果我也能跟他们一起住在这样的房子里就好了，不用上课，也不用被爸爸妈妈唠叨，想吃零食就吃零食，想睡觉就睡觉，想玩就玩，自由自在的，简直就跟天堂一样！

孩子们一开始也特别开心，他们觉得这可能就是自己梦寐以求的自由生活。可没到一周，情况就完全大变样！有一些人因为肆无忌惮地吃零食喝冷饮，导致拉肚子，还有一些人每日每夜地打游戏，导致精神萎靡不振，甚至暴躁不安……总之，很多孩子完全失去了快乐，最后竟哭着要求马上回家。

作为观众的费小罗看到最后也觉得心里很压抑，这种自由自在的日子好像也没那么让他向往了。

为什么会这样呢？

自由到底是什么呢？

什么才是真正的自由呢？

费小罗的小脑瓜又忍不住高速运转起来。

（3）

毫无意外地，费小罗的时间又开始重复了。

费小罗心里有点伤感。他并不是伤感自己又陷入时间循环之中，其实有了前几次的经历，他已经能够非常冷静地面对"重复过同一天"这件事，甚至有的时候还会心中窃喜——多过一天也算是赚到。他此时此刻伤感的是，自己好不容易熬过了居家隔离的一天，又要重新开始，虽说多过一天是赚到，但是多过一天无聊的日子，真的是让人有负担啊！

想到这里，他早饭都没吃，就抓着索菲，扒开它的双眼，直"奔"哲学小屋。

　　进入哲学小屋后，索菲还有点没睡醒。它就像一只普通的肥猫一样，懒洋洋地半瘫在地上，胖乎乎的身体，就像一只快乐的海豹。

　　费小罗看着索菲，忍不住想，索菲说到底并不是普通的猫，它是一只哲学猫，虽然不知道它原先居住的星球是什么样的，也想象不出它原本的生活状态，但一定不是每天待在家里这么无聊，它真的没有觉得自己被束缚吗？如果原本的索菲是自由的，那它为什么放下自由，出现在他的生活中呢？真的只是为了获得哲学能量吗？

　　费小罗又打量了一下小屋正中央的九盏灯，那里已经有五盏灯亮起来了，照得整个屋子明晃晃的，让他几乎忘记第一次进入小屋时，这里有多么阴暗。明明是几个月以前的事情，却好像已经过去了很久。

　　如果这里的九盏灯全部点亮，会发生什么呢？

　　等完全清醒的时候，索菲就看见费小罗正盯着九盏灯发呆，圆溜溜的眼睛里显出一丝诧异，它迷迷糊糊地记得是费小罗自己主动进来的："你好像越来越喜欢这里了，竟然主动进来。"

费小罗想了想。最开始进入哲学小屋他的确是被迫的，毕竟他不想一直重复过某一天，那个时候他根本不知道哲学是什么，虽然现在他也没搞明白，但可以确定的是，哲学真的是一门很有意思的学问，谁会不喜欢有意思的东西呢？最关键的是，原本很多想不明白的问题，只要来到这里跟哲学家们聊一聊，就能获得清晰的思路和开阔的视野，这真的是一种神奇的体验。

"一开始你是被迫的，现在你是自由的。"索菲总结道，说完便朝着墙壁走去，很快召唤出了一扇新的门。

"来吧，希望这扇通往自由的大门，能帮你解答心中的疑惑。"

"等一下！"费小罗叫住了索菲，"我现在水痘虽然好得差不多了，但是不知道还会不会传染给别人……"

索菲笑了一下："放心，这里并不是真正的现实的世界，我很难说清楚，但你可以把它看成游戏，所以你担心的事不会发生，走吧。"

费小罗放下心来，看了看那扇门。这是一扇青灰色的石头门，给人一种很严肃的感觉，最显眼的是那门框上还缠着一道一道的锁链。这是通往自由的大门？这明明是锁住自由的大门吧！他一边跟着索菲往里走，一边忍不住疑惑，难道自由需要被锁住吗？

穿过大门之后，视野一下子变得开阔起来，一座宁静的小镇出现在费小罗的眼前。

"欢迎来到柯尼斯堡。"索菲又扮演起了导游的角色。

"柯尼斯堡是哪里？我从来没有听说过。"

"这是东普鲁士的一座小镇，的确不算有名，但这里生活着一位伟大的德国哲学家，也正是我们要拜访的对象。"索菲说话的时候一直在四处张望，仿佛在找什么，嘴里还嘟囔着，"不知道现在几点了。"

这还是索菲第一次在哲学之旅中询问时间。

费小罗正准备问原因，街边那些原本正在聊天的人突然纷纷安静了下来，还不约而同地掏出自己的怀表，一边看表，一边偷偷注视着不远处一位刚刚从住所走出来的男人。

那个人长得不太高，甚至可以说有点矮，他穿着

一身灰色的衣服，戴着灰色的帽子，拄着灰色的手杖在林荫小道上悠闲地散步。他的身边还跟着一位老仆人，那老仆手里拿着一把雨伞。

索菲伸出毛茸茸的爪子指着一身灰的男人，兴奋地说道："就是他，他就是你这次要拜访的哲学家——康德先生！"

（4）

几乎整个柯尼斯堡的居民都知道，康德先生每天下午三点半会准时离开自己的住所，开始散步。十几年来，这时间从未出错，以至于每当人们看见他散步，就知道是下午三点半了，甚至还会对一下自己的表，看看表走得准不准。

据说，除了散步以外，康德先生起床、穿衣服、喝咖啡、写作、讲课、吃饭也都有固定的时间。

以上都是索菲告诉费小罗的。

费小罗听完忍不住想，这位康德先生怎么活得跟他们家的扫地机器人一样啊！他们家的扫地机器人，每天固定会在早晨和下午的某个时间开始打扫，两年间日日如此，从未失约。

"那他身边的老仆人为什么要带一把伞呢，也没下雨啊？"费小罗问。

"康德生活的时代没有天气预报，天气说变就变，带一把雨伞有备无患！不然被雨淋湿生病，生活的节奏不就被打乱了？"

看来这位康德先生不仅活得像个机器人，还是一个超级谨慎的机器人！

费小罗忍不住疑惑，问道："我觉得他看起来一点也不自由啊，你确定他能帮我解答关于自由的疑惑吗？"他想起哲学大门上的那些缠绕的锁链，越来越怀疑是不是索菲召唤了错误的门。

索菲早就跑过去跟康德先生打招呼了，过了一会儿又跑回来，摇摇尾巴，说："什么事都不能只看表面，快去吧，能跟康德先生聊天可是许多人梦寐以求的事情。"

费小罗半信半疑地走过去。

　　康德先生微笑着冲他点点头："索菲说，你想向我询问关于自由的问题。"他虽然看上去有些严肃，但微笑让他变得亲切许多。

　　费小罗礼貌地点了点头。

　　"那你觉得自由是什么？"康德问。

　　"我一直觉得自由就是想做什么就做什么，无拘无束。"

　　他们谈话的时候，康德也没有停下脚步，而是继续他的散步，费小罗则跟在他的旁边。

　　"你看看那些动物，它们看上去就是想做什么就做什么。"康德突然说道。

　　此刻他们正走在河边，鸭子在湖面上戏水，鸟儿在天上叽叽喳喳地飞翔，旁边街上几只野狗为了争抢一根骨头而互相撕咬狂吠。

　　"是的，它们想吃就吃，想玩就玩，想得到什么就去得到什么，看上去的确挺自由的。"

　　康德又问："按照你的说法，自由是想做什么就做什么，那人和动物岂不是没有区别？"

　　费小罗愣了愣，他不明白康德先生为什么这么问。

人和动物当然是有区别的，但这又跟自由有什么关系呢？

这时，他们正好经过了一家面包店。刚出炉的烤面包香味不断飘出来，费小罗这才想起来，自己今天睡醒后还没有吃任何东西就开始了哲学之旅，现在闻着面包的香味，饿到不行，他的肚子开始不受控制地"咕噜咕噜"叫起来。

那咕噜声如此之大，康德先生也听见了。

"你可以进去吃块面包，少年。"

"我身上没有钱……"

"哦？"康德看着他，又露出严肃的表情，"那你去偷一块，或者抢一块？"

费小罗震惊地瞪大了眼睛，声音也提高了几度："我宁愿饿着也不会去偷和抢，这不仅是不道德的，还是违法的行为。我可干不出来这种事！"

"可是你饿了想吃东西了，你不是说自由就是想做什么就做什么，难道你不想当个自由的人吗？"

费小罗不知道这位康德先生是怎么回事，他真的是哲学家吗？竟然教唆他犯罪！

"可我并不想偷或者抢东西，如果逼我去做，那我才是不自由的！"

康德终于笑了出来，他赞赏地点点头："这就是人和动物的不同，少年。人是有理性的，可以克制欲望和本能。你现在虽然很饿，但不会去偷抢面包，因为这是不道德的，所以你会忍耐着饥饿，保持理性。这个时候，你才拥有了真正的自由。所以，自由并不在于想做什么就做什么，而在于你不想做什么的时候可以不做什么。"

康德看了一眼自己的老仆人，那老仆立马心领神会，进去买了一块面包，递给了费小罗。费小罗不好意思地接过面包，一边啃一边想，原来康德先生并不是在教唆他犯罪，只是要引出他的思考，便瞬间就对眼前这位大哲学家的好感度提升了好几倍。

自由是不想做什么就可以不做什么，这个观点让费小罗觉得耳目一新。

"而且你真的觉得那些动物是自由的吗？"康德继续问。

费小罗点点头："我以前一直这么觉得，许多文人在谈论自由的时候，不都会用动物来形容吗？比如像鸟儿一样自由之类的。"

"那不过是抒情者的臆想罢了。只要你稍加思索，就会发现动物并不是自由的，它们所有的行为只不过是在满足自己的自然欲望与本能，比如饥饿驱使它们捕猎，繁衍的欲望驱使它们寻找配偶，等等。如果我们也像动物一样寻求快乐、满足本能的需求，那我们并不是真正地在自由行动，倒不如说我们只是成了这些欲望和冲动的奴隶。"

费小罗想起了那部纪录片里那群想干什么就干什么的孩子。他们在那所房子里的所作所为的确是像动物一样，纯粹地只是在满足自己的欲望和本能，最终不但不自由，也一点也不快乐，反而陷入了束缚之中。

看来，自由并不是想做什么就做什么。

（5）

那真正的自由到底是什么呢？

"康德先生，您的意思是，自由是要克制欲望和本能吗？这样的自由听上去似乎充满了束缚呀。"

"我的理论对你来说可能太难，我只能说得尽量简单一些。你想想，当你忍受着饥肠辘辘也不去偷抢面包时，那一刻你并不会觉得自己是被束缚住了的，相反，这正是你按照内心的道德和法则自主做出的选择，你是自由的。用理智克制了欲望和本能，正是人拥有自由的表现。所以，这并不是束缚，而是自律，自律即自由。"

费小罗想了想，好像的确是这样。虽然饥饿想吃东西是他的本能，但偷抢面包却违背了他内心的道德和法则，是他完全不想做的事情。相反，当他遵循内心的道德和法则时，虽然要继续忍受着饥饿，他却感到一种轻松和豁达。

"我好像明白了，真正的自由是自律的自由，而不是毫无约束和放纵的。"

"记住，少年，如果自由是无约束的，那么这样的自由毫无意义，因为肆无忌惮的放纵带来的会是无尽的空虚和痛苦。"

之后，他们三人一猫继续沿着林荫小道散步。康德先生是一个健谈的人，除了一些晦涩难懂的知识以外，他还给费小罗讲了很多小镇上的事情。原来他一辈子都没有走出过这座小镇，他在这里长大，在这里上学，在这里教书。费小罗便忍不住跟康德分享了很多他曾经去过的地方和见到的趣事。等回过神的时候，天色已暗，是时候告别了。

费小罗稍微抬头便能看见满天璀璨的星空。

"康德先生，我怎么样才能做一个自由的人呢？"他问出了最后一个问题。

"自由的人吗？"康德沉吟几秒，"你知道吗少年，这世上有两样东西，你越是经常和持久地思考它们，它们就越是能以有增无减的惊叹和敬畏充满我们的心灵。"他抬起一只手指向天空，另一只手指向自己的心脏，"这就是我们头顶的星空和心中的道德法则。如果你既能仰望浩瀚星空，顺应自然法则，也能向内探寻身为人的崇高理性，为自己立下道德法则，那么你就是一个自由的人。"

回到哲学小屋后，费小罗久久难忘这位大哲学家一手指天一手指向自己的姿势。

"索菲，康德先生说，他每天下午都会准时三点半出门散步，除了有一次因为读到了一本好书耽搁了时间以外，其他时候都是风雨无阻。"

"嗯，他的生活就跟他的学问一样严谨。"索菲点头说道。

"康德先生说他至今没有走出过柯尼斯堡。"

"事实上，据历史记载，康德一辈子都没有离开那里。"

费小罗深吸一口气："你觉得康德先生自己是自由的吗？一个一辈子只待在一个小镇上，每天准时准点生活的人，看上去并不那么自由，可以说很死板。可是当我跟他说话的时候，我却又觉得他的思想似乎比那片星空还要广阔，还要深邃。"

索菲跳上了费小罗的肩膀："法国有个叫卢梭的哲学家，他说'人生而自由，却无往不在枷锁之中'。人生活在这个世界上，总会受到各种各样的制约，它们就像枷锁如影随形，这是无法否定的事实。但是有一种东西是没有办法被限制的，那就是思想。哲学的思考让康德无限地接近自由，虽然他本人从未走出那座小镇，但是他的思想却传遍了世界各地，甚至跨越了两百年的时间，一直到现在。"

"思想的自由吗？"费小罗又发现了新的角度。

索菲想了想，突然跳下他的肩膀，又走向那面飘着无数大门的墙壁："走，我赠送你一趟简短的旅行！"

（6）

这是索菲第一次主动邀请他开始一段哲学之旅。

穿过破败而狭窄的门，他们来到了一个死气沉沉的地方。其实这看上去也是一个小镇，这里有一些宽宽大大的，如同宿舍一样的楼房，但是几乎看不到生活的居民，只有一些士兵打扮的人在来来回回地巡视。

"这里怎么像监狱一样啊？"

"差不多。"索菲回答，"这里是捷克的特莱津小镇，不过它这会儿并不算是一个小镇，而是一座集中营。这里是纳粹关押犹太人的地方。"

纳粹，犹太人，这两个词费小罗听说过，他和爸爸看过有关的电影。那些电影故事里，纳粹分子都很讨厌犹太人，总是想要把犹太人抓起来，抢夺他们的财产，剥夺他们的自由，最后在监狱里用各种各样的酷刑折磨他们，很多犹太人因此丧生。

"这些犹太人犯了什么罪，要被抓起来？"费小罗忍不住问。

"这些犹太人都是一些平民百姓，没有犯什么罪。不过纳粹们觉得只要你是犹太人，你就是有罪的，就应该被抓起来，就应该被处死。"

费小罗内心震惊："这些纳粹根本不讲道理嘛！"

索菲看上去很平静："人类很多时候都是不讲道理的，习惯于从自己的利益出发，只要自己觉得对那就是对的，很少进行反省与思考。"

它指了指一处营房："走，我们去那边看看。"

这些营房都有编号，那些被关起来的犹太人身上也有不同的编号。在1410楼前，索菲停了下来。透过那扇狭窄的封闭的窗户，费小罗看见一群孩子和一名女子。

这些孩子都很瘦小，很多看上去还不到十岁。其中一个小女孩正在伤心地哭泣，她双手放在膝盖上，整个人抱作一团不停地发抖。"老师，我们是不是都会死，刚刚他们枪毙了我的爸爸，就在我的眼前，可他明明什么也没有做。"

其他的孩子纷纷抱住哭泣的女孩，也跟着一起难过起来。他们每个人都有同样的经历，在这座集中营里，死亡是最稀松平常的事情，明天永远是暗淡无光的。被唤作老师的女子背对着孩子们，她也在控制自己的情绪，可是当她转过身的时候还是忍不住泪流满面，与孩子们相拥哭泣。

窗外的费小罗也跟着悄悄抹眼泪。

哭完后，女老师站了起来，她拍拍手，尽量用轻松的语气说道："好了，我们快去洗手，要开始画画了，不把双手洗干净是不可以碰颜料和画纸的。"

孩子们听见"画画"，似乎振作了一些，他们听话地纷纷去洗手，等回来的时候，女老师已经将偷偷藏在隐秘角落里的颜料和纸拿了出来。

费小罗注意到，那些被珍藏起来的颜料和纸都很破旧，颜料的颜色稀稀落落，一点也不全，至于所谓的"画纸"，根本就是废旧的纸张，皱皱巴巴的，有的还是已经用过的，写满了很多字。但是即便是这样的纸，孩子们拿到后也显得十分珍惜，一遍又一遍用瘦弱的小手将其按压平整。

"闭上眼睛，我的孩子们，想象一下你们过去的美好的生活，想象那些你们看到过的美丽的风景。这些东西属于你们自己，是任何人都夺不走的。让你们的心灵飞翔起来吧。"

在老师轻柔的声音里，孩子们都闭上了眼睛，虽然他们现在走不出这里，但是他们的心灵可以。

一个大一点的女孩子笑了出来。

"你想到了什么，这么开心？"

"我想到了一个傍晚，老师。紫色的傍晚，落日的余晖很美，嗯，还有一大片树林，那里开着大朵大朵的栗子花，花随着风吹得到处都是，草地上也是，门槛上也是，我和我的姐姐就坐在这些开着花的树下聊天，花粉落在她的鼻子上，她打了一个大喷嚏！"

说到这里，其他的孩子也跟着笑起来，那笑声就像风吹过风铃的声音一样干净、清脆。

女老师的眼睛闪了闪："别让这些美好消失，画下来，孩子们。"

"老师，我没有去过很多地方，我想画特莱津可以吗？”另外一个小一点的孩子声音细细地问道。

　　“你想画这里？”女老师有一点惊讶，其他的孩子也都扭头看着她。这里是地狱啊，死亡的阴影每天都在头顶盘旋，有什么可画的呢？

　　女孩点点头，露出一个怯生生的笑容：“嗯，这里什么都没有，所以我想给这里画上很多花园，里面都是鲜花和蝴蝶。那以后我们就可以在美丽的花园里上课和画画了！”

　　小小的房间里霎时间安静了。

突然，其他孩子开始附和："那我要在这里画上很多水果和食物！"

"我要画上舒服的大床和很多很多玩具。"

"我要把那些士兵画成游乐场里的小丑……"

许久之后，女老师挨个摸着孩子们的头，用最温柔的语气说道："你们想画什么就画什么，你们是自由的。"

（7）

正如索菲说的那样，这是一段简短的旅行，还没有看完那些孩子画画，他们就瞬间回到了哲学小屋。

"这些孩子最后都活下来了吗？"

"几乎都死了，就在这不久以后。"

费小罗的心揪了一下，心中的预感成真了。

"那这些孩子的画会被那些纳粹销毁吗？毕竟他们讨厌犹太人，怎么会留下他们的画作呢？"

"有很多都被销毁了，但也有不少被一些人冒着生命危险偷偷保存起来，留到了今天。"

费小罗很难形容自己的心情。

那些孩子明明身在牢笼，毫无自由可言，但画画的那一刻，他们似乎是世界上最自由的人。那些画不单单是画，也是他们的心灵，心灵一旦插上翅膀，便不会被任何东西束缚。

"那真是一个伟大的老师和一群最自由的孩子。"他忍不住感慨道。

索菲点点头："他们虽然身体被限制了自由，但思想却依然无拘无束。思想可以摆脱现实的束缚，就是自由。"

一个人是不是自由，从来不是看外在有什么，而是要看内在。这个世界上有些人，或者家财万贯，或者盛名在外，或者位高权重，他们可以想去哪里就去哪里，想得到什么就可以得到什么，看起来是自由的，但是他们常常唯利是图，思想狭隘，总是担心有人要害自己，总是想着要算计别人，生活在看不见的牢笼里，反而活成了不自由的囚徒。

费小罗走到小屋中间，顺利点亮了第六盏灯。

他曾经有很多个理想，当个科学家，当一位厉害的医生，或者做一个超级拼图的研发者，但此刻他只有一个愿望——不管长大了以后做什么，自己都可以永远是一个自由之人。

第 7 章

老鸽巢剧院的小剧场

（1）

费小罗和自己最好的朋友丁胖胖吵架了，起因是一个游戏。

他们俩住在一个小区，一般周末没事的时候，费小罗都喜欢找胖胖玩，这周也不例外。胖胖和他的爸爸都很喜欢打游戏，所以他们家总是有各种各样的游戏。费小罗虽然自己不沉迷游戏，不过跟胖胖一起的时候，也会陪他打一会儿，因为很多游戏都是需要双人合作。

这次他们玩的是一个生存类的游戏，其中的一个环节是需要两个人合作挖矿，然后制作出各种各样的工具和武器，可以对付僵尸和怪兽。这些矿石都是深埋于地下的，越珍贵的矿石，数量越稀少，也就越难挖到，不同的矿石虽然形状都一样，但是颜色不同。

　　对费小罗来说，寻找和区别这些矿石很简单。但是对胖胖来说就很难了，因为胖胖是色盲，他很难区别出哪些是珍贵的矿石，哪些是普通的岩石。常常是胖胖自以为挖了一堆矿石，得意扬扬地交给费小罗，费小罗一看全是没用的岩石！

　　"胖胖，要不你别挖矿了，你去砍树？"

　　"我不喜欢砍树，我就喜欢挖矿。你没觉得我挖得很快吗？"胖胖反问。

　　"快有啥用，你挖的都是些石头，根本没用！要不，你别乱跑，你跟在我后面听我的指挥，我告诉你挖哪里你就挖哪里。"

　　费小罗认为自己提出了一个非常好的建议，没想到胖胖却听得皱起了眉头："我们分头找矿不是更快吗？而且我为什么非得听你指挥？我是你的同伴，又不是你的仆人……"

　　建议被拒绝，费小罗也有些不高兴："你都分不清那些矿石的颜色，你自己挖根本就是浪费时间，这样下去咱俩肯定得输！"

　　"你嫌我色盲拖你后腿呗！"

"我可没这么说，我就是想赢。"

"你就是这个意思！我信任你才告诉你色盲的事情，没想到你却嫌我拖你后腿，你真的是太自私了，我对你太失望了！"

"……"

"……"

两个人干脆游戏都不打了，就这样你一言我一语越吵越凶，争半天也没争出来个结果，最后不欢而散。

回到家后，费小罗还是气呼呼的。他觉得自己心

里有一团火，想立刻找爸爸倾吐这股愤懑，可一进门却发现自己的爸爸和妈妈竟然也在争吵！

原来自己去了胖胖家之后，爸爸便临时起意，在网上订了电影票，准备跟妈妈一起去看部电影。订票的时候，电影还有四十分钟就开场。爸爸计划得很好，从家里开车去电影院大约二十分钟，还剩下二十分钟的准备时间，完全够用。

爸爸只用了五分钟就换好了衣服，坐在门口等妈妈。结果二十分钟过去了，妈妈不仅妆没有化完，穿什么衣服也没有决定好。于是争吵开始了！

爸爸嫌妈妈太磨叽，认为不就看个电影吗，又不是参加晚宴，没必要花这么长时间打扮自己，最后还破坏了他的计划。而妈妈却觉得不管出门干什么，她都乐意把自己收拾得好看一些，否则影响心情；至于爸爸的计划，实在太仓促，根本没有跟她商量过，既然是两个人一起参与的活动，至少应该问一下她的意见，而不是自己决定，然后要求别人严格执行。

争吵到最后，爸爸妈妈不仅没有看成电影，而且到了晚上俩人也不说话，家里的空气都变得紧张起来。

费小罗无限感慨，在外自己跟好朋友争吵，在家爸爸妈妈也吵架，他简直就是处于"内忧外患"之中啊！

人为什么会吵架呢？

周一上学后，费小罗有点精神萎靡，前一晚他几乎没睡好。同样精神萎靡的还有自己的同桌林丽，一整个上午她几乎都哈欠连天。

"林丽，你爸爸妈妈吵架吗？"费小罗试探地问。

"当然会吵架啊！他俩经常因为一点小事就争执起来，可幼稚了。"林丽回答。

林丽的爸爸是大学教授，一听上去就很聪明很有文化，原来这样的人也会跟别人发生争吵。

林丽突然开始叹气："唉，我没睡好不是因为我爸爸妈妈吵架，我是昨晚熬夜在网站上和别人因为电影吵起来了。"

费小罗有点疑惑："看个电影还能吵起来啊，这能有什么可吵的？"

"我也不理解！"林丽双手扶额，"我可真是太冤枉了。我就是在最近新上映的电影下评论了一句'感觉有一段剧情逻辑好像有点问题，当时看着莫名其妙

216

的'，网上就有人开始攻击我，说电影本来就是虚构的，怎么还有人在虚构的电影里挑毛病找问题！我本来也没有恶意，也没说这部电影不好，只是发表一下意见和看完电影的感受而已，就被一堆人挤对，有的还恶语相向呢！真不知道现在的网络怎么回事，人与人之间的恶意怎么那么大？"林丽越说越生气。

费小罗可以理解她，因为他自己也遭遇过发评论却被网友莫名其妙攻击的事情。当时费小罗还觉得很奇怪，明明自己发的是很正常的评论，明明那些网友都是不认识的人，却对自己抱有很大的敌意，说话夹枪带棒。在那之后费小罗就再也不在网络上发表任何评论了。

想到这里，费小罗忍不住开始感慨，跟他人相处还真是不容易！不管是最好的朋友，还是最亲的家人，甚至是连面都没有见过的陌生人，都可能会因为一件小事跟你发生矛盾，瞬间互相敌对起来，然后你的心情会一整天都很糟糕。

（2）

晚上放学，费小罗一进小区就看见了胖胖，正纠结要不要打招呼的时候，胖胖也发现了他，下一秒却一扭头跑了！回到家里，爸爸妈妈的冷战也还在持续，一顿晚饭吃得沉默又无趣。

总之，糟糕的情绪还在继续。

费小罗想起之前读过一本书，叫《鲁滨逊漂流记》。主人公鲁滨逊因为一场暴风雨漂流到一座无人的荒岛上，被迫开启了一段与世隔绝的生活。当时读的时候，他只顾着关心鲁滨逊如何一步步荒岛求生，觉得他实在是太难了。现在他再回想的时候，就突然觉得这位鲁滨逊先生的生活其实也不错，毕竟整个荒岛上只有他自己，根本没有人跟他吵架来影响他的心情，多么安逸！

"我如果也能到孤岛上自己待会儿，那该有多好啊！"费小罗突发奇想。

吃饱喝足的索菲正舒服地踩踏着一块柔软的毛毯："人是社会性的动物，你自己一个人在孤岛上那不得寂

寞死。"

"什么叫社会性的动物？"

"就是像你们人类这样群居在一起的动物，通过分工与合作，不断发展自己的族群。其实除了人类，还有蜜蜂、猴子、猩猩、蚂蚁等等也都是社会性的动物，所以你不会看到独居的蜜蜂或独居的蚂蚁，因为它们都是一大群生活在一起的。有句老话说得好，人多力量大嘛！"

"力量大不大我不知道，矛盾是挺大的。

索菲，我今天终于发现了一个道理——人跟人之间几乎不可能不吵架，有人的地方就有纷争！"费小罗长长地叹了一口气，"唉，人真是奇怪！既然是社会性的动物，那岂不是意味着每个人都需要他人的帮助才能生活得更好，既然如此，人和人之间不应该互相帮助、互相关爱吗，为什么反而常常互相敌对呢？"

索菲想了想，说："三四百年前，英国有一位叫霍布斯的哲学家也想过这个问题。在他看来，人与人之间恰如狼与狼，意思是人与人之间的关系就像动物界里狼与狼的关系一样，永远处在一种争斗的、不安的状态中。既然人和人的关系就像狼跟狼一样，那么会敌对、会争吵都是很自然的事情。"

费小罗听完心里怪怪的："人和狼还是不一样的吧！如果按照这位哲学家的说法，人天生就对其他人抱有敌意和竞争心咯？这也不对呀，我们小时候就背过《三字经》，第一句就是'人之初，性本善'，既然人人都是本性善良的，又怎么会天生对他人有敌意呢？"

"哲学家的观点只是他们个人对世界思考后的结

果，并不是唯一的答案。"索菲说完露出一丝欣喜的神情，"不过，我感觉你已经明白了这一点，所以才会试着反驳霍布斯的观点吧。你刚刚提到的'人性本善'是中国古代的大思想家孟子的观点。他的观点跟霍布斯完全不同，他认为人性向善就如同水往低处流一样自然，比如看到可怜的人，你会忍不住生出来同情心，做了错的事，你会产生羞愧心，等等。总之，在孟子看来，人没有不善良的，而人和人之间也应当是和平而友善的。"

听到这里，费小罗想起了一件往事。

那还是在三年级的时候，班里新转过来一位女同学，学习很好，长得也很漂亮，还超级会弹钢琴，总是被老师夸奖。但不久她就莫名其妙被班里的其他女生孤立了，没有人跟她玩，她去哪里其他人就躲着她，她主动跟别人说话也没有人理她。这种情况持续了一个多月，那位女同学差点因此退学，后来在老师和家长的帮助下，这场莫名其妙的孤立才结束了。

费小罗当时还很好奇，是这位新同学做了什么事把其他女生都得罪了？但事实是这个女生根本没做什么，被针对的原因仅仅是因为她太好看太优秀太受老师喜欢了，那些嫉妒她的女生便联合在一起，还撺掇其他人一起孤立她，关键是直到最后这些女同学都不觉得自己做了什么很坏的事情，在她们看来，自己只是不想跟那个女生玩而已，能有多坏呢？

如果孟子说的是对的，又怎么会发生这种事情呢！

费小罗发现自己想了一圈还是回到了起点，他依然不明白人和人之间为什么会吵架，为什么会产生敌意。如果弄清楚这个问题，他是不是就可以摆脱现在这种"内忧外患"的吵架局面了呢？

看着费小罗愁眉不展的样子，索菲主动告别了柔软舒服的毛毯，优雅地伸了伸懒腰说道："走吧！是时候到哲学世界里转一圈了。"

（3）

进入了哲学小屋后，索菲很快就召唤出一扇门。这次召唤出来的门很漂亮，深棕色古色古香的门框，亮晶晶的玻璃，还装饰着亮闪闪的灯。神奇的是，门里面不断飘出淡淡的诱人的香味。

费小罗闻了闻，是咖啡的香味！

"索菲，你好像召唤出来了一间咖啡馆呀？你想喝咖啡了吗？"

索菲也满脸好奇："这些门都是根据你的问题自动出现的，跟我可没关系。而且猫是不能喝咖啡的！总之，进去看看就知道了，门里应该有你需要的答案。"

穿过大门的那一刻，咖啡的香味更浓郁了。费小罗猜得没错，这里真的是一间咖啡馆。说得准确一点，这是一间很忙碌的咖啡馆，里面坐着一群忙碌的客人，他们忙着喝咖啡，忙着看书，忙着谈论当下正在发生的事情。咖啡馆的外墙和窗台上都挂着花篮，拥挤的圆形桌子和彩色的藤椅让这里看起来温馨又热闹。

"啊，我知道了，这是花神咖啡馆。"索菲终于又恢复了"哲学导游"的身份。

"这里很有名吗？"

"当然，这可是巴黎最有名的咖啡馆之一，许多了不起的作家和哲学家都曾经是这里的常客。"索菲说完

223

就径直走向了旁边的楼梯，"我想我们要找的人应该在二楼。"

与一楼的热闹不同，花神咖啡馆的二楼幽静很多。索菲指了指坐在窗边的一位男子，说道："那就是我们这次要拜访的哲学家，萨特先生。"

费小罗朝着索菲指的方向望过去。那位叫萨特的哲学家穿着得体的西装，带着一副金属框眼镜，头发向后梳得很整齐，虽然看起来不算高大，但给人一种儒雅的感觉。此刻他正在专心地看着一本书，看得十

分投入，以至于书页几乎都要碰到他的鼻尖。一名咖啡馆的侍者端着托盘走过去，熟练地放下两样东西——一杯咖啡和一沓信件。萨特这才从书本中抬头，冲着侍者说了声谢谢。

就是这一抬头的瞬间，费小罗惊奇地发现，这位萨特先生的右眼看上去很古怪！是个斜眼！

他刚想悄悄问问索菲，索菲却已经走过去跟萨特打招呼了。索菲每次遇到哲学家的时候，都是这么迫不及待，而且那些哲学家似乎都认识它，这难道就是哲学猫的特殊能力？

费小罗小心翼翼地走过去，坐到萨特先生对面的椅子上。正对着这位哲学家的时候，他右眼的古怪就更明显了，他似乎看着费小罗，又似乎看着别处。总之费小罗被他看得很不自在，便下意识地想要回避他的眼睛。

萨特似乎看出了费小罗的拘谨，笑着解释道："你是不是觉得我的眼睛很奇怪？我小时候生过一场大病，这导致我的右眼患有严重的斜视，后来还几乎失明。但我想，这应该不会耽误我帮你答疑解惑吧。"说完他喊来侍者，贴心地给费小罗点了一杯牛奶。

费小罗拿着牛奶，不好意思地红了脸，但还是说出了这些天一直困扰自己的问题："萨特先生，请问我们和其他人之间为什么会吵架，为什么会产生敌意呢？"

萨特还没有来得及回答，坐在他们不远处的一桌人，就突然冲着萨特喊道："这不是萨特先生吗？我们刚刚看完您最新的戏剧《禁闭》。"说到这里，那人突然笑出来，"他人就是地狱，对吗，萨特先生？"

咖啡馆的其他人也跟着笑出来。

"真抱歉，萨特先生，原来我们都是您的地狱。"

"您或许不应该出来和地狱一起喝咖啡。"

…………

费小罗不懂这些人在说什么，萨特却冲着他耸耸肩，说道："看来他们已经替我回答你的问题了。我们与他人之间为何会吵架、会有敌意呢？因为他人就是地狱。"

"他人是地狱？"费小罗怀疑自己的耳朵是不是听错了。

这句话字面的意思他懂，似乎是说，其他人对我们来说如同地狱一样。之前听索菲说到霍布斯将人和人的关系比喻成狼和狼的关系，他都觉得无法接受，没想到这位萨特先生的观点更可怕，直接将他人形容成地狱！

"这听上去是一句很可怕的话。"费小罗坦诚道。

"许多人第一次听到时，跟你的反应是一样的。"萨特说完突然站起身，拿好他的书和信件，"走，少年，让我更生动地给你解释这句话的含义。"

随后他们来到了一个名为"老鸽巢"的剧院。剧院里人很多，他们坐下后不久，舞台的灯光就亮起来了，一出好戏开场了。

整部戏剧只有三个人，一男两女，说得更准确一点，是三个灵魂。他们因为各自的罪行在死后被判下地狱，但是他们到了地狱后才发现，这里并没有油锅、烤架和恶鬼等等，他们反而只是被关进了一间封闭的房间中，三个人因此还有点得意，但不久，真正的折磨就开始了。

三人中的男人加尔森是一名逃兵，但他不愿承认

自己的懦弱，他将自己塑造成一名硬汉，并希望能从伊奈丝女士那里得到认可；而伊奈丝喜欢控制别人，她不喜欢男人，是绝对不会给他认可的，不仅如此，她还希望另一位女士艾斯黛尔也能跟她一样讨厌男人；艾斯黛尔极度虚荣，她只想做个万人迷，她不仅不讨厌男人，还一直奉承男人，希望男人能爱上自己，让自己重新感受到虚荣的滋味。

这三个人都把对自己的肯定寄托在另外一个人身上，却又永远得不到对方的认可，他们互相折磨，钩心斗角，都陷入深深的痛苦之中，想逃也逃不掉，永远也没有办法获得自由和解脱。最后他们终于明白为什么这个地狱没有可怕的油锅和恶魔，"何必用烤架呢，他人就是地狱"。

（4）

说实话，这部戏剧有大量的对话，几乎没有什么情节，费小罗看得很难受，中间他几乎坐不住了。虽然没有完全看懂，但是他能感觉出舞台上那三个人的绝望和痛苦。

"这三个人都太较真了，他们只是没有从别人那里获得认可，仅仅是这样就觉得自己身在地狱吗？"费小罗不是很理解。

萨特笑出来："这只是一部戏剧，自然有艺术的加工与夸大。"

随后他停顿几秒，又突然严肃起来："但艺术总归是来源于生活。在现实生活中，他人的评价与目光其实也能很轻易地让我们如坐针毡。假如你是一名学生，那你总会被别人问考试考得怎么样，如果你的成绩恰巧不太好，那他人的评价会让你瞬间觉得自己真的很差劲；假如你是一个大龄却没有结婚的人，那么你的家人亲戚便会一直对你指指点点，原本你或许过得自由又快乐，但他们的目光会让你觉得不结婚的你是世界上最失败的人。说得再简单一些，如果你自己一个人在家里唱歌跳舞，你会觉得很轻松很快乐，但突然给你安排一群观众，让你在一群人的注视下唱歌跳舞，你会觉得每一秒都是煎熬。"

萨特先生的话比戏剧好理解多了。

费小罗瞬间回想起自己和胖胖吵架的情景。当胖胖说"你真的是太自私了，我对你太失望了"的时候，他的确因为这句

否定的评价感到难过和纠结，他甚至怀疑自己或许真
的是一个很自私的人，他也很想问问胖胖，自己哪
里令人失望？只是因为这一件事情让他失
望，还是所有事都让他失

望……此刻想想，自己的这些寻求胖胖认可的想法，其实跟戏剧里那三个人差不多。

"怎么会这样呢？"按照萨特先生的说法，他人貌似真的如同地狱一般。

此时他们已经离开了老鸽巢剧院，走在大街上。有些行人冲着他们迎面走来时，会突然多看萨特一眼，有的甚至已经错开了，还会回头再瞅一眼。这些人应该跟他一开始一样，注意到萨特先生不自然的右眼了，费小罗想。

"你注意到有人在盯着我看了吗？"萨特突然问。

费小罗点点头，原来萨特先生自己也发现了。

萨特接着说："我们每个人生活在世界上，都觉得自己是生活的主人，可以自由地掌控自己的生命，但是我们又随时随地处于他人的注视之下。在他人的注视下，你会发现自己失去了这种主导权。就像这些突然看着我的行人一样，在他们的注视中，我并不是自己的主人，而就像一件东西一样被审视、被评价，我会开始怀疑是不是我的眼睛或者其他地方让他们觉得很奇怪，我也会因此不舒服、自卑，甚至愤怒。总之，我们很容易在他人的目光下变得不像自己，变得失去自我。"萨特突然转过头，问他："反过来，如果这个时候我愤怒地回瞪回去，你猜会怎么样？"

这种情况，费小罗还真的遇到过！有一天上学的时候，他在校门口看见了一个打扮得很特殊的人，这人看上去像个高中生，染着头发、打着耳钉，他的耳机里还传出很吵的音乐声。费小罗经过的时候忍不住盯着那人看了一眼，那人发现后立刻不高兴地冲他吼道："你看什么看！"吓得费小罗飞快地跑进学校。按照萨特先生刚刚的解释他就明白了，自己注视的目光让那人感觉到被审视和评价，他因此才会生气。

"我想对方可能会注意到自己眼神的不礼貌，他应该会收回目光，赶紧走掉。"费小罗将当时自己的心情说了出来。

"是的，当我回瞪回去的时候，对方也像一件物品一样被我审视着，他会立刻变得跟我一样不自在。你瞧，我们与他人之间的关系总是处于这种紧张之中，就像一场隐秘的斗争，我们和他人的矛盾与冲突也是由此而来。"

"萨特先生，那问题岂不是变得简单了，我们只要躲开他人的目光不就可以了？"

萨特忍不住笑出来："非常遗憾地告诉你，你是无法摆脱他人的注视的。人生活在世界上就一定会跟他人打交道，除非你一出生就被送到无人岛上，可是这种情况下你根本就活不了。所以，我们不需要躲避别人的目光，因为根本躲无可躲。"

费小罗叹了一口气，看来这个问题根本没办法解决了。

（5）

"往好处想，少年。他人虽然常常让你感到难受，但也能让你发现真正的自己。"萨特突然说。

"可是萨特先生，您不是说他人是地狱吗？地狱又怎么能让我们发现自己呢？"

"正是因为我们意识到他人就是地狱，我们才能反过来认识到，自己不能生活在别人的眼光中。太在意别人的眼光，太在意别人的看法，就等于主动进入了地狱，忍受众目睽睽的火烤。而当我们意识到这一点，我们才能从别人的看法与评价中解脱出来，去追求真正的自己。从这个角度说的话，如果我们想要成为真正的自己，他人是不可缺少的。或者说，他人就像我们的一面镜子。"

"镜子？"

萨特点点头："是的。你仔细想想就会发现，我们只能看到别人的长相，却没有办法亲眼看到自己的长相，只有在照镜子时才能知道，啊，原来我长这个样子。他人就是我们的镜子，不过这面镜子照出来的并不是我们的相貌，而是一些更内在的东西，比如性格、品行等等。在没有照镜子前，我们总会幻想自己是一个很完美的人，可一旦照镜子了，一旦被他人评价与注视，缺点便会映入眼帘，在这个过程中，你反而能真正地认识自己了。"

费小罗想了想，的确是这样。

那天和胖胖吵完架之后，他就一直反省自己。其实他建议胖胖不要挖矿或让胖胖听自己的指挥，虽然是为了更快赢得游戏，但的确有自私的成分。然而在胖胖反驳他之前，他完全没有注意到这一点，还觉得自己的建议很合理。而当胖胖生气并且反驳他的时候，他才突然意识到自己自私的那一面。可能这就是萨特先生说的"镜子"吧！

他人既干扰了我，让我处于痛苦之中，又成就了我，像一面镜子一样让我发现真实的自己。

"唉！"费小罗叹气，"我已经糊涂了，萨特先生，我到底如何与他人相处呢？"

萨特扶了扶眼镜："虽然我说'他人就是地狱'，但我从来不认为我们与他人的关系是一种恶毒的、坏透了的关系。相反，我一直认为人和人之间是相互依存的，所以我们每个人都应该去关心他人。只是，在与他人相处时，我们不能太依赖别人的评价，也不要太在意他人的眼光，否则我们就如同生活在地狱中一样，毫无自由可言。"

"这听起来一点都不容易。"费小罗说。

就如同他在网络上被陌生网友攻击一样，当收到恶意评论的那一刻，很少有人真的能做到不在意。一些人会像他一样再也不敢随便评论，另外一些人则会像自己的同桌林丽那样，花一个晚上疯狂还击，但是不论是哪一种，其实都已经深陷在他人的评价中无法自拔。

萨特拍了拍费小罗的肩膀："不容易不代表做不到。那部戏剧中的三个灵魂都已经死去，他们已经不能采取任何行动来帮助自己脱离地狱。但我们却还活着，只要活着，我们就还可以选择行动起来。就算你已经身处地狱之中，你依然可以自由地去打碎它。"

与萨特告别之后，他们重新回到哲学小屋，费小罗似乎还能感觉到萨特留在自己身上的目光。

"这位萨特先生虽然眼睛生病了，但目光却比我之前拜访的所有哲学家都犀利。"他忍不住感叹道，"而且，他说话的方式也跟其他哲学家有很大的不同。"

"哪里不同？"索菲好奇地问。

"我也说不好。"费小罗挠挠头，努力表达自己的意思，"别的哲学家说话都很直白，我大部分时候一下子就懂了。而萨特先生说话，我虽然也能听得懂，不过总要多想一会儿。就像他带我去看的那部戏剧一样，

表面上只是三个人在说话，但其实有很多我现在也没弄明白的深意在里面。"

索菲舔舔自己的爪子："你有这种感觉也很正常，因为萨特先生不仅仅是一位哲学家，更是一位了不起的大作家，很多人认为他的文学成就远远超过了他的哲学思想，作家说话总是有自己习惯的方式。噢，你看的那部戏剧就是萨特本人写的，也难怪你会有相同的感觉。他曾经还获得过诺贝尔文学奖呢，只不过最后他拒绝去领奖。"

原来萨特先生这么厉害！

"他为什么不领奖啊？"诺贝尔奖不是人人向往的嘛！

索菲露出一丝为难的神色，每当涉及与哲学无关的问题时，它都会露出同样的神色："大概是，他只希望自己是萨特，而不是诺贝尔奖获得者萨特，这种标签会让他很有压力吧。"

费小罗想起萨特最后说的那些话——"我们不能太依赖别人的评价，也不要太在意他人的眼光，否则我们就如同生活在地狱中一样""就算你已经身处地狱之

中，你依然可以自由地去打碎它"。

　　诺贝尔奖获得者这个巨大的标签，同样是来自他人的注视与评价，而萨特先生选择用自己的方式去打碎它。费小罗一边胡思乱想，一边点亮了第七盏灯，整个哲学小屋刹那间如同白昼一般亮堂。

第 8 章

独角兽观光车

（1）

此时此刻，费小罗感到很不公平！

事情是这样的，学校下个月要举行无人机大赛，每个班可以选出两位同学参加。在正式比赛之前，学校会提供无人机给参赛的同学，供他们在课余时间进行练习，还会请专业的老师进行指导。

费小罗很想参加这个比赛。因为舅舅家的大表哥就有一架无人机，他第一次见表哥玩就被深深吸引住了，之后每次去舅舅家，他都会缠着表哥教他，一些基本的操作他都会。费小罗曾经央求爸爸也给他买一架无人机，可爸爸觉得他还太小，无人机如果控制不好不仅会造成破坏，还会伤到自己，便允诺等他上了中学再给他买。

如果能参加无人机大赛，那他不仅可以暂时得到一架无人机，还有专门的老师进一步指导，简直就是两全其美！

但每个班只有两个名额，为了能被选中，费小罗还提前准备了一篇激情洋溢的演讲稿。结果，根本没用上。因为根本没有在班上公开选拔，而是班主任直接选了两个同学参加，其中一个跟班主任的关系还很好。

"真是不公平！为什么不公开选拔？"费小罗气愤极了。

"公开选拔的话，也有可能选不中你呀，我听说我们班好几个同学家里都有无人机呢！"同桌林丽试图安慰他。

"至少我还有个公平参选的机会啊，就算最后没有被选上，我也服气。现在这样就是不公平！"费小罗越说越气。

林丽眨了眨眼睛，说："我也遇到过不公平的事情。上次评选'文明之星'的时候，我明明是最符合的，但是老师说我已经获得了'三好学生'的称号，希望我能把机会让给其他没获奖的同学。"说到这里她突然叹了一口气，"唉，我虽然最后同意了，但心里不得劲。我觉得老师的这种做法是不公正的。因为不管评选三好学生，还是文明之星，都有明确的评选标准，谁符合标准，那就是谁！"

费小罗点头表示赞同，他有点感慨，原来像林丽这么优秀的好学生也会遇到不公平的事情。

坐在费小罗前桌的韬韬突然转过头，脸上带着一丝这个年纪不该有的凝重："你们说的这点不公平算什么呀！我才是那个天天生活在不公平里的倒霉蛋儿！"

　　原来韬韬有个五岁的弟弟。自从弟弟出生以后，爸爸妈妈的所有关注重点都在弟弟身上，每当他跟弟弟发生争执，爸爸妈妈基本都会偏袒年幼的弟弟，还会语重心长地跟他说，弟弟年纪小，作为哥哥应该让着弟弟。

　　讲到这里，韬韬有点委屈："你说我的爸爸妈妈是不是很不公平？为什么我必须让着我弟弟啊，就因为我是哥哥吗？可又不是我自己乐意当哥哥的，当初也没人跟我商量啊！"

　　作为独生子的费小罗，虽然没有办法一下子理解韬韬的心情，但他觉得韬韬说得很有道理，成为一个哥哥并不是韬韬自己的选择，他也是被迫的；而且不管是哥哥还是弟弟，都同样是自己的孩子，作为家长难道不应该平均分配自己的爱吗？

　　放学后，费小罗留下来做值日，每天的值日生都是两个人，今天除了费小罗还有班长。做值日的时候，费小罗一直叹气。

　　班长忍不住问他："你一直叹气是因为不想跟我一起值日吗？"

费小罗赶紧解释，自己叹气是因为无缘参加无人机比赛。

"我觉得至少应该在班级里进行一次公开选拔，让所有同学投票来决定谁参加比赛，这样至少会更公平嘛！"

班长听完后，不以为然："投票也不见得就是完全公平的呀。咱们班上次话剧比赛选剧本的时候，不是就进行过一次全体投票吗？我觉得那次投票就挺不公平的。"

那次话剧比赛，他们班在《三打白骨精》和《武松打虎》这两个故事之间犹豫不定，不得不进行了一次全体投票，最后《三打白骨精》以多数胜出。

"我记得大多数同学都投票给了《三打白骨精》，我们班最后也选了《三打白骨精》，这不是挺公平的吗？"费小罗不明白班长觉得哪里不公平。

"服从大多数人的选择就是公平的吗？那少数人的意愿怎么办？我当时就投票给《武松打虎》，最后却不得不演《三打白骨精》。好吧，可能对大多数人来说是公平了吧，但对我们这些少数人还是不公平的。"说到这里，班长也学着他叹了一口气，"所以啊，不管投票还是不投票，都不能做到绝对的公平，总有人要受委屈。"

班长的话让费小罗有点意外。

服从大多数人的选择就是公平吗？他突然不知道公平到底是什么了。难道真的像班长说的那样，无论如何都不可能做到公平吗？

（2）

晚上吃饭的时候，费小罗还一直闷闷不乐。在爸爸的再三询问之下，他才把今天发生的事一股脑儿说出来了。他说完，突然发现自己已经因为这件事不高兴了一整天，心里又有点别扭起来。

"爸爸，我是不是有点小肚鸡肠啊？"

爸爸没有立刻回答他，而是说起了医院里的一件趣事。

爸爸的医院上周救助了两只小流浪狗，黄色的叫小黄，白色的叫小白。两只小狗一直都是关在一个大笼子里，同吃同喝。前几天小白生了一点小病，为了能让它尽快恢复，医生就在喂饭的时候给小白的碗里多放了点肉泥。结果小黄发现后，便一直汪汪汪地叫唤来表达不满，甚至拒绝进食，直到医生也给它的碗里加了一点肉泥，它才开心地吃起来。

"你看，连小狗都会因为被不公平的对待而感到生气，所以你不高兴是很正常的事，没必要觉得别扭。"爸爸说，"而且，这个社会上的每个人都在用自己的方式追求公平，你并不是特例。"

"是吗？"费小罗以前还真的没好好观察过这一点。

"那当然。比如运动员，他们平时努力训练自己，积极参加比赛，如果在比赛中有某个人靠服用违禁药物来提高成绩，这对其他的运动员就很不公平，那么他就会被禁赛；比如学生考试，如果考试的时候有人作弊考了一百分，这对其他学生就很不公平，那么最终他的成绩也会被取消；再比如普通的上班族，他们通过辛勤的劳动获得相应的工资，如果工作量不变，但是工资突然变少了，这就很不公平，他们可能会找上司抗议或者直接辞职。你看，大家都很在意公平，也在用自己的方式努力追求公平。"

爸爸的一番话让费小罗有种大开眼界的感觉，原来公平对每个人都这么重要！

"可是我们班长说，根本没有绝对的公平，那岂不是大家都追求不到了？"

爸爸被他认真而苦恼的表情惹得笑出来："噢，那你觉得绝对的公平是什么？"

费小罗想了想，努力组织自己的语言："大概就是每个人都能平等地拥有某些东西吧。比如说，每个同学都能平等地参加选拔，或者分东西的时候，每个人都能分到分量相同的东西之类的……"

"每个人都能分到分量相同的东西，那就是平均分配吧，这也不见得就是公平的。"一直默默吃饭的妈妈，突然打断了他，"你姥爷以前跟我讲过，他小时候家里特别穷，兄弟姐妹五个人，一顿饭只有两个玉米饼子外加一碗齁咸的咸菜，总共就这点吃的，如果是你的话你会怎么分？"

"当然是平均分喽，这样才公平！"

妈妈摇摇头："你姥爷当时只有十岁，排行老二，上面还有一个大哥。两个玉米饼子，大哥自己吃一个，剩下四个人分另外一个。"

"啊？那姥爷的大哥吃得也太多了，对其他人不公平啊！"

"怎么不公平？那个时候你姥爷才十岁，小屁孩一个。但是呢，他大哥已经十八岁了，是家里的主要劳动力。每天家里主要的活都是大哥干的，不多吃点怎

么有力气干活。没有人干活，一家人吃什么呢？所以啊，这样分才是最公平的，正所谓多劳多得嘛！"

如果一个人干了比其他人更多的工作，最后得到的却和其他人一样，的确很不公平！这么一想，"多劳多得"的确比"平均分配"更公平一些。

唉，表面看着公平的分配方法，其实并不公平；表面看着不公平的分配方法，其实反而是很公平的。费小罗忍不住挠了挠头，他发现自己越来越搞不明白公平到底是怎么回事了。

（3）

理所当然地，第二天，费小罗就发现自己再一次陷入了时间循环之中。

索菲故意打趣他："这是一场由无人机大赛引发的时间循环！"

经过了一整夜，费小罗已经从对无人机大赛的不甘心里走了出来，此时他更在意公平本身的问题："索菲，你说人为什么都那么看重公平呢？"

索菲想了想，说："追求公平原本就是人类最基本的诉求吧。每个人都希望自己能像其他人一样被公平地对待。而这个世界上大多数的争执、冲突，甚至战争，恰恰是因为不公平引起的。就连两千多年前的大圣人孔子都曾经说过'不患寡而患不均'，意思是不怕东西不多，就怕分配不均。分配不均就会造成不公平，不公平就会带来不安定。你看，公平这么重要，当然应该被看重！"

不公平就会带来冲突与不安。费小罗想了想，的确是这样，不管是他自己、林丽还是韬韬，在面对各种各样的不公平的时候，心里的确很不舒服，甚至有点生气。

"既然公平这么重要，那怎么做才能保证公平呢？"

这个问题让费小罗很困扰。之前他觉得投票的时候，少数服从多数就是非常公平的，但是班长作为少数派却觉得自己受了委屈，一点也不公平，他又觉得平均分配很公平，但是妈妈又说多劳多得才是对的。

费小罗想起自己以前学过的一篇课文《猴子捞月亮》，就是一群猴子努力打捞水中月亮的倒影的故事。此时此刻，他觉得，公平仿佛就是月亮，而自己就是想捞月亮的猴子，每次他觉得自己快要捞到的时候，就发现那只是月亮的倒影而已。

索菲原本像一只海豹一样窝在床上，听费小罗这么问，就站起来舒服地伸了个大懒腰："这可是个大问题。既然如此，我们就赶紧出发吧，估计只有在哲学的世界里，你才能解决这个巨大的疑问。"

进入哲学小屋之后，索菲很快就从墙上召唤出一扇大门。这扇门极为素净，上面没有任何装饰，只印着一只奇怪的独角兽。

费小罗盯着那只独角兽瞅了半天："这是什么动物啊？看着又像牛又像狮子，可是狮子头上都没有角啊。"

"这是中国古代传说中的神兽'灋'（fǎ），也被叫作獬豸（xiè zhì），它是公平与正义的象征。传说当人们发生纠纷的时候，灋就会出现，它头上的角能够精准地指出理亏的一方，并且它会用角直接撞向坏人，

惩恶扬善，实现公平与正义。现在很多法院的门口都摆放着獬的雕塑，因为法院本身就是维护公平与正义的机构。"索菲细心地解释道。

费小罗看着这只神奇的独角兽，心想，如果世界上真有这种动物的话，那么他关于公平的疑惑是不是就能解决了呢？

他一边胡思乱想，一边跟着索菲穿过大门。没走几步就看见不远处站着一个人，准确地说是一名中年男子，他高高瘦瘦的，一头金发，脸上还戴着一副几乎框住眉毛的大大的黑色眼镜。

费小罗心想，这人八成又是个哲学家。

果然，索菲看见那名男子，立刻摇着

尾巴热情地跑过去："罗尔斯先生，您是专门过来接我们的吗？"

名为罗尔斯的男子看见他们，肯定地点点头："是的，我急切地想要见到每一位正义的伙伴。"

正义的伙伴？费小罗狐疑地皱起了眉毛，小心翼翼地开口："您是不是等错人了呀？我们这次哲学之旅想要问的是关于公平的问题，并不是正义。"

罗尔斯笑出来，声音意外地十分爽朗："这就对了！如果你想问的是关于公平的问题，那你就是我要等待的人。因为对我来说，正义就是公平。"

（4）

说到正义，费小罗首先想到的是那些充满正义感的大侠或者英雄，他们无私无畏，锄强扶弱。可是这跟公平又有什么关系？

罗尔斯似乎猜到了他的疑惑："你想的是个人的正义，而我说的是整个社会的正义，那就跟公平有很大的关系了！"

"有什么关系？"

罗尔斯刚想回答，一辆开放式的观光车"嘀嘀嘀"地驶来，正好停在了他们面前。这车看上去很有趣，车灯就像两只大眼睛，车头有一根类似角的装饰物，费小罗第一眼就联想到了那扇门上的独角神兽㺏。

罗尔斯招呼他们上车："关于公平的旅程既曲折又漫长，与其直接说，倒不如让你亲眼看。"

费小罗一听就赶紧拉着索菲也坐了上去。他既好奇又兴奋，心想，不知道一会儿能看到什么有趣的

东西。

没多久，观光车就开进了一户小院里，他们不必下车就能清楚地看到周围发生的一切。小院里正在举行一场盛大的生日宴会，热闹非凡，参加的人也很多，有大人有孩子，中间还摆放着一个看上去十分美味的生日蛋糕。

难道罗尔斯先生只是想来参加生日宴会？费小罗已经开始失望了。

"各位，是时候分蛋糕啦！"突然有人大喊了一句。

人群瞬间安静下来，大家纷纷朝着中间的蛋糕围

过去。可这时，分蛋糕的人却突然为难起来："唉，人这么多，可蛋糕只有一个，该怎么分才好呢？"

"我觉得应该把蛋糕切成大小相同的几份，这样每个人拿到的蛋糕都一样，比较公平。"人群中的一个人建议道。

有人表示反对："不不不，我的胃口很大的，一块肯定不够吃。但那些小孩子胃口很小，肯定吃不了一整块。所以我觉得平均分并不公平，应该按照食量的大小来分才是公平的。"

"食量的大小？开什么玩笑。这个蛋糕是我和其他几个人一起做的，我们花费了很多时间与精力，我觉得谁为蛋糕付出的越多，谁得到的蛋糕就应该越大，这样才算是公平！"一名参与蛋糕制作的人提出了自己的建议。

"你这样想就不对了吧！"没有参与制作蛋糕的人对此很不满，"我们虽然没有制作蛋糕，但是一直都在努力布置会场，让这个生日宴会更热闹，难道这不算是贡献吗？"

大家你一言我一语争论了起来，都没有找到一种公平的分配方式。

这时寿星站了出来："你们别争了，今天是我的生日宴会，这也是我的生日蛋糕，所以蛋糕该怎么分应该由我说了算，我想怎么分就怎么分，这就是公平。"

寿星的话一出，大家都沉默了。但也只是沉默了一会儿，争论又开始了。他们纷纷表示对寿星的话很失望，一些人甚至愤怒地离开了现场。

费小罗看呆了。

"这可真是一场闹心的生日宴会啊！"

罗尔斯点头表示赞同："这个小院里的人就是一个微型的社会，在我看来，正义是社会组织的第一美德，它关系着社会的安定与持久。你看，虽然所有人都是来参加生日聚会的，但是每个人的身份不同、分工不同，利益也不一样，所以在分蛋糕的时候，就出现了冲突，因为每个人都希望自己能分到更大的那块蛋糕。这个时候就需要按一些原则来分配蛋糕。而这些原则是否公平，将直接决定着这个微型的社会是否正义。"

怪不得罗尔斯先生一直提到正义，还在一开始的时候称呼他们为"正义的伙伴"，原来正义与公平有这么大的关系。

"现在显然是不够公平的，那位寿星先生说要按照自己的喜好来分蛋糕呢，好多人都气走了。"

"不够公平，自然也就不够正义，看来这个生日聚会办不成咯。"罗尔斯一脸遗憾。

费小罗重新打量了一下小院。原本热闹的人群已经走得差不多了，只留下了七零八落的摆设和看上去有些寂寞的蛋糕。之前他觉得公平这回事只关系着一场选拔、一个称号，总之是日常生活中很小很小的事情，可现在罗尔斯先生却说它影响着整个社会，社会可是很大很大啊！

（5）

"既然公平这么重要，那怎么做才算是公平的呢？"费小罗问。

"这可是个复杂的问题，也是我一直在思考的问题。"罗尔斯坦诚地说道，"那你觉得怎么做才算公平呢？"这位大哲学家似乎对他的答案很感兴趣。

费小罗挠挠头："我之前一直觉得少数服从多数就挺公平的。你想啊，每个人的想法都不一样，那服从大多数人的意愿就是最好的解决方式了。"

"你的意思是，在发生冲突的时候，少数人的利益应该为大多数人的利益让路，对吗？"

费小罗想了想，说："大概是这样。"

罗尔斯调整了一下眼镜："嗯，你这个想法跟很久以前一位叫边沁的哲学家很类似。他提出了一种'最大幸福原则'，也就是将最大多数人的最大幸福作为基本的原则，所以在他看来，少数人的利益应当服从多数人的利益，因为这样才能实现利益最大化。"

"那我想的是对的咯？"

罗尔斯笑了笑："在回答你这个问题之前，我们得先去下一个地方。"

观光车重新启动，离开了小院。很快，周围的风景开始变换，费小罗眼前出现了很多交错的铁轨，他们似乎来到了火车站之类的地方。突然，车的速度变得极快，一切都开始不对劲起来。

费小罗回头想问问罗尔斯先生怎么回事，却震惊地发现，他们已经不在观光车里了，而是在一辆急速行驶的电车里！费小罗的脑子乱糟糟的，这是怎么回事？他们不是一直没有下车吗，难道观光车变成了电车？

"快看前面！"罗尔斯大喊了一声。

费小罗慌慌张张地朝前看。只见他们的电车正急速行驶在一条轨道上，而不远处有五个人不知道什么原因被绑在了轨道上，如果不赶紧停下来，电车马上就要撞过去了！

"天哪！我们得赶紧刹车！"费小罗急坏了，可是越急越找不到刹车在哪里。

"我忘了跟你说，我们车里的刹车早就坏了。"罗尔斯说，"不过，幸运的是这里有个拉杆，你只要拉动一下，就可以让电车转换方向，开往另外一条铁轨，那条铁轨原本是废弃的。"说完了还贴心地指了指拉杆。

费小罗急得一头汗，看见那拉杆就像看见救命稻草。正准备伸手拉动，索菲突然制止了他："你先看清楚，另外一条铁轨上也有一个人！"

费小罗抬头一看。可不是吗！罗尔斯先生说的废弃铁轨上也有一个人，那个人似乎是正躺在铁轨上睡大觉！费小罗的手放在拉杆上，拉也不是，不拉也不是，如坠地狱。

罗尔斯显得格外平静，问他："你为什么还不拉动拉杆呢？再不拉，那五个人就要被撞死了。"

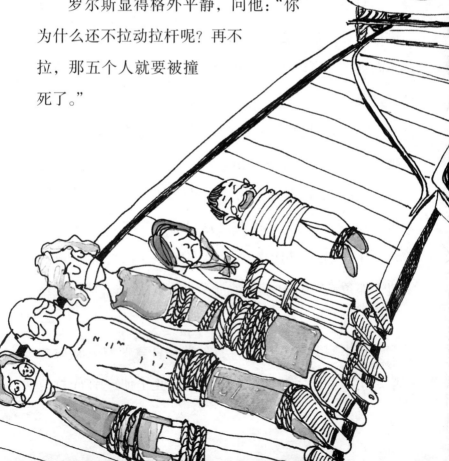

"如果我拉动拉杆的话，另一条铁轨上的那个人也会被撞死啊！"

"可是那只是一个人，这边有五个人啊。用一个人的生命换五个人的生命，难道不是很划算吗？"

费小罗的眉毛都要拧在一起了："一个人的生命也是生命啊。而且你不是说那是一条废弃的铁轨吗？那个人肯定认为废弃的铁轨很安全，所以才会放心地睡在上面。唉，这原本跟他一点关系都没有，可是他却要遭受这无妄之灾，这不公平啊……"想到这点，他就根本下不去手。

"我以为你会毫不犹豫地拉下拉杆呢。那个人再怎么无辜，也只是一个人，是少数人，而这边有五个人，是多数。你不是说，少数人的利益应该为大多数人的利益让路吗？"

费小罗愣住了，握着拉杆的手僵硬成一座石雕。突然他的眼前闪过一道刺眼的光，再睁开眼时，电车的景象已经消失了，躺在铁轨上的人也消失了，一切都恢复了正常。他们二人一猫又安安稳稳地坐在观光车里，正悠哉地行驶在海边的公路上。

"刚刚只是一个实验而已，并不是真实的，没有吓坏你吧？"罗尔斯问。

费小罗看看自己的手，刚刚这只手关系着许多人的生命。虽然不是真实的，但是他已经开始动摇自己对于公平的看法了。之前他认为少数服从多数，少数人的利益为多数人的利益让路是理所当然的，现在他觉得这个原则是有很大漏洞的。作为少数的那一方，如果只是放弃一次选拔、一块蛋糕，可能不算什么，但毫无前提地、一味地坚持这个原则，那很可能最终被放弃的就是生命。

"还好这并不是真的。"费小罗松了一口气。

"这个实验其实还有另外一个版本。那就是你被告知自己将会随机出现在铁轨上那六个人的位置上，要么是那一个人，要么是那五个人中的一个，但到底是在哪条铁轨上，你并不知道。然后，你要决定电车往哪条轨道上开。"

费小罗听完，汗都要流下来了："如果是这样的话，我可能更不会坚持为了五个人牺牲一个人，因为我自己有可能就是那一个人。唉，看来公平并不是少

数服从多数那么简单。"

罗尔斯点点头："是的，每个人都渴望尊严，希望获得尊重，都不会希望自己成为少数派的那方，但是没有人能保证自己永远是幸运的大多数。即便有一天真的成为少数派的一员，我们也不想自己的意愿被忽视、利益被剥夺。所以，我没有办法赞同边沁的最大幸福原则，因为在我看来，无论如何，大多数人享受到的较大的利益都不能补偿强加于少数人的牺牲，这是不公平的，也是不正义的。"

（6）

他们的观光车沿着海边开了很久。罗尔斯说，这里是他的家乡巴尔的摩市，而他们眼前的这片海湾连着大西洋，那是地球第二大洋，面积几乎有十个中国那么大。

费小罗看着那片海，根本望不到尽头。惬意的海风穿过车窗吹到他的脸上，他却只感到苦恼，甚至忍不住叹了一口气："唉，我现在已经不知道该如何做才能实现公平了，这个问题对我来说实在太大太难了。"

"这很正常，很多哲学家也没有想明白。不过，当你开始思考如何才能保证公平的时候，其实就已经做得足够好了。要知道，这个世界上大部分人只会抗议不公正，而很少会像你一样去思考该怎么做。"罗尔斯安慰道。

海边旅程很快结束了，观光车停在了一座看起来像工厂的建筑物面前。

罗尔斯示意他们下车："这是我们的最后一站——我的思想实验基地，这里有我对于公平和正义的研究。"说到这里，罗尔斯看向费小罗，"少年，你不是好奇如何才能实现公平吗？希望我的实验基地能给你带来一些启发。"

进入实验基地后的第一个感觉是人很多，有男有女，有老有少，有的看上去很富有，有的则看上去就像个流浪汉。

"这些人都是来做实验的吗？"

罗尔斯点点头："这些人身份、地位、财产、性别等等都各有不同，代表着社会上各种各样的人。"

看着这些形形色色的人齐聚一堂，费小罗感觉很有趣，此时这些人都站在一块巨大的幕布面前，似乎在等待着什么。

"那块幕布是做什么的？"费小罗好奇地问。

"那是'无知之幕'。这也是我思想实验中最重要的一个部分。"罗尔斯兴冲冲地拉着他就朝着幕布那里走。

费小罗莫名紧张起来："无知之幕？罗尔斯先生，这块幕布会让人变得无知吗？"不会让他变傻吧！费小罗担心起来，本来他就不是很聪明。

罗尔斯哈哈大笑起来："无知之幕不会让你变无知，也不会让你变傻。它只会让你暂时忘记自己是谁，忘记原本的信息，比如身份、地位、财产、性别、年龄、智力水平等等，但会保留着理性和自由。总之，站在无知之幕后面的每个人，都处于平等之中。"

费小罗有点不明白："为什么要让人们忘记这些呢？"

"因为人们总是会从自己的立场出发，去选择一些对自己有利的决定。比如那些分蛋糕的人，胃口大的人为了能吃到更多的蛋糕会建议按照食量来分，而做蛋糕的人则会建议按照对蛋糕的贡献来分。其实他们都不够中立，都选择了对自己最有利的分配方式，所以都不够公平。但如果进入无知之幕，让他们忘记自己的身份，忘记自己的食量，忘记自己做过蛋糕等等信息，总之一无所知，这时他们就不会同意按照食量或者对蛋糕的贡献来分了，因为他们会考虑到最糟糕的可能——自己就是那个食量小的，或者就是那个没做过蛋糕的人！"

费小罗恍然大悟："我懂了，有了无知之幕，他们就会商量出一个公平的分蛋糕方式，就算自己处于最糟糕的情况也不至于太吃亏。"

罗尔斯点点头："是的，站在无知之幕后面，人们会抛弃很多明显不公平的制度。比如人们不会同意残疾人不能参加工作，因为当无知之幕拉开的时候，你没有办法保证自己不是残疾人。你也不会同意全国各地的高考分数线一样，因为你可能正是生活在偏远山区里的小孩，教育资源落后，永远也没办法和大城市

里的孩子成绩一样……总之，有了无知之幕，人们就
会站在完全中立的位置思考问题，这样就能做出最公
平的决策。"

这么厉害！费小罗打量着无知之幕，这块原本其
貌不扬的幕布，此刻在他眼里闪闪发光。

"那实在太好了，罗尔斯先生！有了无知之幕，一
切公平的难题不就迎刃而解了吗？"

罗尔斯停顿了几秒，露出无奈的微笑："问题就出
在这里。无知之幕只是我的思想实验，你此刻能看见

　它是因为这是哲学的世界……换句话说，
现实世界里根本不存在无知之幕这种
东西。"

　　听完这话，费小罗如同泄气
的皮球一样，整个人都瘪了下去。

（7）

是啊，他光顾着兴奋了，都没仔细想过，这个世界上怎么可能有这么一块神奇的幕布，能让人暂时忘记自己是谁呢？罗尔斯先生的无知之幕就像传说中的神兽灋一样，太奇幻，太理想化，以至于根本不可能存在。

"唉！"那其实最后什么问题都没有解决。费小罗忍不住叹气，他感觉自己自从开始思考公平的问题，就频繁地在叹气。

罗尔斯被他唉声叹气的样子逗得笑出来："你没必要这么失望，少

年。无知之幕虽然不存在，但是通过对它的思考，我们还是能够获得保证公平与正义的重要原则。比如，站在无知之幕后面的人，不记得自己是谁，但保持理性与自由，处于平等之中，他们就不会同意其他人比自己拥有更多的权利。所以第一条原则就是，每个人都享有平等的自由，这是最基本的。"

为了更好地解释，罗尔斯带着他来到了一处体育场馆，那里正在举行一场短跑比赛。

"就好像这场赛跑，"罗尔斯继续说，"为了保证比赛的公平，每一位运动员都必须站在完全平等的起跑线上。而刚刚提到的第一条原则——每个人都享有平等的自由，就是为了保证人们能站在同一起跑线上。如果某些人的权利更大或更少，那就相当于允许部分运动员站得更近或更远，那这场比赛就毫无公平可言了！"

费小罗点点头，的确是这样。

这时一声枪响，比赛开始了。原本站在同一条起跑线上的运动员开始出现差距，越跑差距越大。有一个人跑得特别快，迅速到达终点，其他人也依次到达，有几个很慢的人用了很长时间才完成了比赛。

"你看，罗尔斯先生，就算每个人都站在同一条起跑线上，还是有的人跑得快，有的人跑得慢，最后还是会有不平等的差异出现啊。"

"你希望他们同时到达终点？那我有个办法，你可以给那些跑得快的人穿上沉重的铅制的鞋子，让他们跑得慢一些，或者干脆给每个人规定同一个跑步速度，这样他们就能同时到达终点。"

费小罗赶紧摆手："这怎么行，那还叫比赛吗？我如果这么干，那些运动员估计都得气跑了！"

"是的。每位运动员站在同一起跑线，他们恰好拥有相同程度的跑步能力，在没有任何强制的条件下，同时到达终点，这大概符合你对于绝对公平的设想。但现实情况是，这是永远不可能的，我们还是要允许差别的存在。"

"允许差别，那岂不就是允许不公平吗？"费小罗不解。

罗尔斯拍了拍他的肩膀："我们必须认清一个事实，绝对的公平几乎是不可能的，这就如同你要在哲学的世界里找到一个绝对正确的真理一样。允许差别的存在不是无奈的妥协，而是要最大可能地实现公平与正义。"

"怎么实现呢？"

"我们可以接受某些不公平，但必须满足两个限制条件。第一个限制条件是'公平的机会平等'，比如我们赞同医生或律师应该拿更高的薪水，但要保证每个人都应该有平等的机会去竞争这个职业。再比如，一些重点学校应该有更优质的教育资源，那么，就要保证每个人都拥有平等的机会去进入这些重点学校。"

罗尔斯接着说："第二个限制条件是，制度可能无法做到绝对公平，但是至少这种不公平可以让处境最差的人有改善的机会。也就是说，这种不平等的分配能够使最弱势的群体得到改善，比如让富人多交税，用这些税收来创造社会福利，帮助弱势群体，等等。"

听到这里的时候，费小罗已经开始觉得吃力了。

罗尔斯先生之前说过，公平的问题关系着整个社会。果然，此刻这位热情洋溢的哲学家正准备将一个与社会有关的庞大理论一下子塞进他的脑袋里。等到罗尔斯终于停下来的时候，费小罗的脑子里已经是一团糨糊了。

"看来要实现公平是一件复杂的事，我很多都没太听懂。"费小罗揉着脑袋坦诚地说。这就像要为一座大厦设计建筑施工图一样，每一个部分都要细细构想，最后大厦才能建造得牢固，可是这个图纸他看一眼也记不住呀。

罗尔斯后知后觉道："我的确说得太多了！其实我的关于公平与正义的理论也有很多不足的地方，前些天我还收到了一些同行的反驳与批评。"

"反驳与批评？那可怎么办？"

"只能继续思考，继续完善它。"罗尔斯露出理所当然的笑容，"虽然这世界上没有绝对的公平，但我们永远不应该放弃对它的追求。所以，你听不懂也没关系，我只是希望能带给你一些启发，也为你留下一颗关于公平的种子，说不定将来会开出一朵正义的花。"

回到哲学小屋后，第八盏灯顺利地被点亮了。但费小罗心里却依然有些耿耿于怀。

"真的有很多人批驳罗尔斯先生的观点吗？"他忍

不住问索菲。

索菲点点头："很多。不过罗尔斯的确如他最后承诺的那样，一直完善自己的理论，直到晚年。"

费小罗有些不可思议："你的意思是说，他思考这个问题思考了一辈子？"

"这有什么奇怪的吗？哲学家不都这样？他们探讨的问题常常都需要用一生的时间来思考，还很有可能得不到答案。"

费小罗愣了愣。回想他的哲学之旅，不管是自我、自由、公平还是死亡，与他谈论这些问题的哲学家的确都和罗尔斯先生一样。

"用一辈子去追求一个可能得不到的答案，到头来还可能被别人批驳一顿，唉，总感觉有些不划算啊。"

索菲舔舔爪子："普通人的确会这样想。但是对于哲学家，思考本身就是有价值的。而且这些问题并不是虚无缥缈的，相反，它们都是紧迫的，是根本的，是关系到每一个人的，是需要被好好反思的。对哲学家来说，他们难道会放着眼前这些明晃晃的问题视而不见吗？"

不会。费小罗在心里默默回答。

他想起罗尔斯先生最后说的那句话——留下一颗关于公平的种子，说不定将来会开出一朵正义的花。此刻，他希望自己心里能留下更多的种子，期待未来能绽放成一座花园。

第 9 章

通往快乐的大门

（1）

该怎么描述眼前的景象呢？

在人来人往的热闹街头，一个不修边幅的男人尤其显眼。他衣衫不整，光着脚，胡子拉碴，走到一处公共喷泉旁边，胡乱地用水拍洗着自己的脸。经过的路人见此情景，摇着头给他扔过去半块面包和几颗橄榄，男人从容地捡起来大口吃下，毫不在意。吃完后他伸了伸懒腰，直接躺进路边一只破旧的木桶里，打起盹来。

"你确定这是一名哲学家，而不是一个乞丐或者疯子？"费小罗忍不住问。

这是他们第四次来到古希腊，也是第一次见到如此落魄的场景。

索菲肯定地点点头："他就是哲学家第欧根尼，也

是我们要找的人！"

"他为什么不回家睡，而非要睡在路边的一个木桶里呢？"

"那就是他的'家'。"

"这哪里像个家，我看更像个狗窝吧。"费小罗不可思议地看着名为第欧根尼的男人，第一次对哲学之旅产生了巨大的质疑。

是的，此时费小罗和索菲正在进行他们的第九次哲学之旅。很明显，眼前

这位落魄至极的哲学家就是他们要找的人，可是费小罗怎么看怎么觉得，这次一定是索菲搞错了！

事情还要从一周前说起。

一周前，爸爸的医院在同一天收治了一只被车撞得很严重的狗和一只因为主人没有关好窗户而从高处坠落的猫，这一猫一狗在做了几次手术之后，依然挣扎在死亡边缘，一天二十四小时都离不了人，把他们整个医院都忙坏了，爸爸有两天干脆住在了医院里。

这件事对费小罗有非常直接的影响。

因为平时都是爸爸给他辅导作业，现在爸爸忙得不着家，那辅导作业的任务就落到了妈妈头上。费小罗的爸爸是一个幽默开朗的人，还有讲不完的故事，所以被爸爸辅导作业其实是一件轻松愉快的事。但妈妈的性格就完全不同，她是个完美主义者，写作业的每一个细节她都要把控，比爸爸严厉太多了。

而且最可怕的是，妈妈最近刚刚把头发烫坏了！

费小罗和妈妈都是自来卷。然而妈妈却不喜欢自来卷，喜欢直发，因为自来卷这种头发对任何一位爱美女士来说都是一场灾难，尤其是早晨醒来的时候，每一根头发都会给你"惊喜"，它们仿佛有自己"独立的思想"，肆意卷曲，毫无章法，就像爆炸了一般，跟理发店烫出来的漂亮卷发完全不是一回事。正因如此，妈妈会定期去理发店把头发拉直。前几天，妈妈想试一试烫一头漂亮的大波浪卷，结果却烫坏了！

当一向看重的头发被不小心烫坏了的时候，妈妈整个人都很烦躁。而偏偏是这种时候，还要给他辅导作业！只是想一下，费小罗都感觉如坐针毡。

果然，辅导作业的整个过程都很不愉快。他写得慢了会被妈妈说拖拖拉拉，写得快点又会被念叨不够认真。费小罗写作业的时候有很多习惯性的小动作，比如转转笔、抠抠手指什么的，爸爸觉得这些都无伤大雅，甚至偶尔还跟他比比谁转笔更厉害。但是妈妈眼里容不下沙子，觉得有小动作就是不够专心，必须改掉。费小罗觉得妈妈太专制，妈妈觉得费小罗太散漫。总之，母子二人常常因为写作业的事吵起来。

最让费小罗受不了的是，妈妈决定趁热打铁，抓一抓他不太好的英语成绩。每天除了完成作业以外，他还要额外做一些英语的课外习题，如果做得不够好，又会被念叨一通。总之，几天下来，费小罗觉得自己很不快乐。

于是，每天放学就成了费小罗十分痛苦的时刻。只要听到放学铃声响起，他的脑海就会自动浮现出妈妈辅导作业的场景，整个人瞬间变成一颗皱巴巴的柠檬，又酸又苦。

同桌林丽很快看出了异样，便问他怎么了。

费小罗趁机大吐苦水："唉，我一回家，我妈就盯着我写作业、学英语，我现在不仅在学校里要学习，回家也要学

习，学不好还要被说，我实在是太累了！"

林丽听完后一脸不以为然："你这算什么。我除了要做作业以外，每周还有好几节兴趣班的课呢，什么画画、小提琴、羽毛球、书法……我妈最近还想再帮我报个演讲的课程，我才累好吧！"

费小罗感到很震惊，没想到林丽比他过得还累，看来不管学习好还是学习差，都逃脱不了狠狠学习的命运。

"你说，当个小学生怎么这么苦啊，每天不是上课就是学习，反反复复无穷尽。刚刚我算了一下，现在我们才小学六年级，假如上了大学，那这种痛苦的学习生活起码还要持续十年。天哪，我未来的人生还有什么快乐可言？"说到这里他不禁哀叹一声，"我如果能立马变成大人就好了！"

"说实话，我也想赶紧变成大人，这样很多事我就可以自己做主了，一定很开心。"林丽附和道，说完她又露出一丝疑惑的神情，"不过我爸爸总说，上学的时光才是最幸福最快乐的，等变成大人，开始工作了，就会有无尽的烦恼。所以，我们成为大人之后就真的

会快乐吗？"

被林丽这么一提醒，费小罗也想起来长辈们似乎也总是这么说。可是大人们又不用上学，还能挣钱花，想买什么就买什么，想去哪里就去哪里，随心所欲地管着自己的孩子，如此自在，如此快乐，又能有什么烦恼呢？！

（2）

第二天，小姨来到了他们家。

小姨就住在邻近的城市，虽然离得不算远，但一般只有假期才会来。她这次来是因为工作出差，需要在他们家住几天。费小罗一开始还挺开心的，因为每次小姨来，妈妈都会抽出很多时间陪小姨聊天，这样就没工夫每天晚上盯着他学习了。可万万没想到，小姨出差这几天工作特别忙，就跟爸爸一样早出晚归，别说聊天了，妈妈连见小姨一面都难。

这天半夜，费小罗迷迷糊糊地醒来上厕所，发现客厅的灯还亮着，走过去一看，小姨还在熬夜加班。他瞥了一眼客厅的电子钟，已经是凌晨两点多了。

"小姨你怎么还不睡觉啊，不困吗？"

小姨吓了一跳，从电脑中抬起头，见是费小罗，才笑着回答："当然困。可我明天要用的资料还没整理完，工作没做完，怎么能睡觉呢？"说完，小姨一脸羡慕地看着他，"唉，我真是羡慕你，不用工作，想睡就睡，无忧无虑的，多快乐啊。"

费小罗不解："大人的生活不也很快乐吗？可以想买什么就买什么，想去哪里就去哪里，不是更开心吗？"

"哈哈哈，你想得也太美好了。你得有钱才能想买什么就买什么，得有时间才能想去哪里就去哪里。而想要有钱的话就必须工作，可一旦工作了就没有时间了，就像你小姨我连睡觉的时间都没有，哪还有心情去这儿去那儿啊！"小姨揉了揉酸痛的肩膀继续说，"而且你发现没有，你爸爸今晚也没回来，说不定他现在正在医院里跟我一样熬夜加班呢。"

"那……那如果不工作呢？是不是就会开心些？"

"不工作？那更惨。不工作就没有钱，房子买不了，车买不了，好吃的好喝的也买不了，吃穿住行都成问题，那整个人就更不快乐了！而且在大人的世界里，没有工作本身就是一件很糟糕的事，身边的人会对你指指点点，认为你游手好闲，没有能力养活自己，这种感觉也很差劲的……总之，身为大人总有数不清的烦恼啊！"

小姨的话完全颠覆了费小罗之前的想法，原本他以为成了大人就会变得快乐，没想到大人世界里的烦恼竟然这么多。工作不快乐，不工作也不快乐，也就是说，他现在上学不快乐，将来长大了也会有很多不快乐，那岂不是人生怎么样都会不快乐了？

费小罗回到自己的卧室后，翻来覆去睡不着，把索菲都吵醒了。

他唉声叹气："索菲，我突然觉得人的一生很难过得快乐和幸福。"

"你大晚上不睡觉就是在思考这个问题？"

费小罗点点头："可不是嘛！我原本以为我现在因为学习的事不快乐，长大了不用学习了就会快乐，可

是小姨说，人长大了
之后会有更多不快乐
的事。"

　　索菲扭动了一下
胖乎乎的身体，舒服
地翻了个身："从某种
程度上来说，人类的
确很容易不快乐。德
国有一位有名的哲学
家，叫叔本华，他就思考过这个问题。在他看来，人
生充满了各种各样的欲望，得不到就痛苦，得到了就
无聊，所以人生就像钟摆一样，在痛苦与无聊之间来
回摆荡。你想想，痛苦又无聊的人生怎么会快乐呢，
更别说幸福了。"

　　"原来哲学家也思考过这个问题啊！"费小罗先是
惊讶，继而又有些沮丧，"唉，连哲学家都这么说，那
看来我想得没错，人的一生的确很难快乐。想到这一
点，我对未来就一点也不期待了。"

　　"你也不需要这么悲观。快乐与幸福是一个非常

古老的哲学主题，从两千多年前的古希腊开始，就有许多的哲学家开始思考它了，而不同哲学家有不同的观点，叔本华的看法也只是其中之一，并不是唯一的答案。"

"你的意思是说，还有别的哲学家并不认同那位叔本华先生的观点，认为人是能够幸福快乐过一生的咯？"说到这里，费小罗的声音都兴奋得拔高了几度，"快说来听听，他们认为怎么样才能快乐和幸福呢？"

索菲歪了歪脑袋，突然卖起了关子："这次我想先听听你的想法。毕竟我们一起进行过那么多次哲学之旅，也见过那么多厉害的哲学家，你应该学着先思考出自己的观点，而不是习惯性地接受别人的想法。"

"我的想法？"费小罗有点不好意思起来，"我的想法就是，只要长大了就可以快乐了。但是跟小姨聊完后，我觉得这样想是不对的，所以才会这么发愁呀。"

"其实很多哲学家在提出自己的观点之后，也常常会被别人反驳，比如我们之前见过的罗尔斯先生。但他们在发现自己的观点有错误时，并不会停止思考。

或许你也应该尝试重新思考这个问题，说不定会有新的想法。"

　　费小罗想了很久，直到索菲开始怀疑他是不是睡着了，他才突然从床上坐了起来。

　　"啊！我想到了！是权力和金钱！"

（3）

　　"人拥有权力和金钱应该就会快乐！"黑夜中十二岁的少年显得格外兴奋。

　　索菲挠了挠耳朵，不敢相信自己听到了什么。

　　"你想啊，我必须听妈妈的话，晚上加紧学习，还不是因为我在家里没有发言权。如果我是一个有权力的人，妈妈必须听我的，那她就不会逼我学英语；老师也会听我的，我会让他们减少上课时间，并且不能布置作业，那么所有的小孩就都快乐了！至于金钱嘛，小姨说大人不工作就没有钱，就没办法养活自己，那如果拥有了数不尽的金钱，这些烦恼就都没有了，还不用工作到很晚不睡觉，大人们也快乐了。所以，拥有权力和金钱，人就能够获得快乐和幸福！"费小罗说得有理有据。

"你的意思是，一个人拥有了权力和金钱就能过上快乐的生活，而没有的话就会不快乐？"

费小罗点点头，至少他和小姨的烦恼就是因为缺少权力和金钱。

索菲噗地笑出来："看来我必须带你见个人。"

"什么人？"

"一个古希腊最快乐的人！"

费小罗的眼睛闪闪发光起来："那他一定有至高无上的权力和数不清的财宝吧？"

索菲没有说话，只露出一抹神秘的微笑。随后，一人一猫共同进入了哲学世界，也就发生了最开始的那一幕。

"他就是哲学家第欧根尼，也是我们要找的人！"索菲笃定道。

"他为什么不回家睡，而非要睡在路边的一个木桶里呢？"

"那就是他的'家'。"

"这哪里像个家，我看更像个狗窝吧。"费小罗不可思议地看着名为第欧根尼的男人。这就是古希腊最快乐的人？权力呢？财富呢？这过得跟乞丐有什么区别！他第一次怀疑索菲是不是找错了人。

但第欧根尼本人似乎很享受这一切，午后的阳光洒在他的脸上，明明是人来人往的街头，他却完全不顾任何人的眼光，惬意地挠着后背。

这时，人群中突然传来一阵阵骚动。士兵们簇拥着一位衣着华丽的年轻男子出现，人们纷纷避让开。

费小罗悄悄打量着年轻男子，他身体强壮、气宇轩昂，身披金边斗篷，只是站在那里便自带一股王者之气。很明显，这是一位贵族。

"他是谁？"他悄悄问索菲。

"这是马其顿王国的国王——亚历山大大帝。他是一位非常杰出的军事天才，四处征战，用短暂的时间就建立起了一个地跨亚非欧三大洲的帝国，年纪轻轻地就拥有了至高无上的权力和数不清的财富。就算放眼整部世界史，亚历山大这个名字也是响当当的。"索菲回答道。

原来是一位国王！费小罗忍不住多看了几眼，随即又感到不解，高高在上的国王怎么会突然出现在街头呢？

正当费小罗疑惑的时候，亚历山大大帝走到了第欧根尼面前，他打量着破旧的木桶，慷慨地说道："我是这片土地的君王亚历山大。第欧根尼啊，有什么是我能为你做的吗？你可以向我请求你想要的任何恩赐。"

面对着年轻帝王的问询，第欧根尼无动于衷："有件事你可以为我做——请不要遮挡住我的阳光。"

周围的人群窃窃私语，那些士兵也因为第欧根尼的不识好歹而感到愤怒。只有年轻的帝王沉默不语。显然，身无一物的哲学家并不需要他的任何帮助。他转身离去，走之前对身边的侍从说道："假如我不是亚历山大，那我一定要做第欧根尼。"

而第欧根尼本人呢，依然躺在他的木桶里，惬意地享受着午后的阳光。

站在一旁的费小罗忍不住瞪大双眼："这位第欧根

尼先生既没有财富也没有权力，明明什么都没有，可他为什么看上去很满足很快乐呢？就连高高在上的国王都想成为他。"

　　"大概正是因为什么都没有，他才觉得幸福吧。"

索菲此时正舒服地趴在费小罗的肩膀上，昏昏欲睡，"因为在第欧根尼看来，快乐与幸福是内在的精神的富足，而不是稍纵即逝的物质享受，他认为人们只有像他一样减少自身的欲望，朴素地生活，才能获得纯粹的快乐。"

"你之前提到叔本华的时候，也说到了人的欲望。可是，快不快乐跟欲望有什么关系呢？为什么想要快乐就要减少欲望呢？"费小罗不解。

"你想呀，欲望其实是人们对外在物质的渴求，而这常常会成为束缚。比如你提到的财富和权力，这两样东西是许多人都渴求的，可它们真的能让人快乐吗？富翁们总是担心财产不够多，官员们又会担心权力不够大，表面上他们拥有财富和权力，其实是被它们束缚，失去了独立性，整日战战兢兢，就像背着沉重的包袱，反而成为不幸的人。所以，第欧根尼才说，只有克制欲望，才能摆脱束缚，获得自由，过上纯粹、自然、不受任何影响的快乐生活。"

索菲说到这里停顿了一下，望着逐渐远去的亚历山大的背影，"就像那位了不起的亚历山大大帝，他拥有常人无法想象的财富和权力，但是三十三岁就因病离世了，而一无所有的第欧根尼却悠闲自在地活到了八十一岁。一位是名垂青史的年轻帝王，一位是活得像狗一样的落魄哲学家，到底谁过得更快乐一些呢？恐怕只有他们自己知道了。"

费小罗看着依然在享受阳光的第欧根尼，忍不住在心中感慨："看来我想的是错的。拥有权力和金钱不一定就会快乐，而没有权力和金钱也不一定就会不快乐。"

他看着第欧根尼简陋的生存环境和惊世骇俗的行为，心中又产生了新的疑惑："可是索菲，难道只有像第欧根尼这样才能获得快乐吗？我的意思是，就算第欧根尼是快乐的，但这个世界上又有谁能像他一样，摒除所有欲望，过着苦行僧一般的生活呢？我绝对是做不到的，就算是了不起的亚历山大大帝也同样做不到。所以说到底，我还是不知道到底怎么做，才能让自己的人生过得快乐和幸福。"

啊，快乐和幸福似乎依然是个未解的难题。

对于费小罗的疑惑，索菲并不急着回答。

"至少你已经知道了权力和财富并不是快乐和幸福的必要条件，很多人活了一辈子也没有搞清楚这一点。"此时他们已经回到了哲学小屋，索菲一边说一边重新召唤出了一扇新的大门，语气轻快，"来吧，这扇新的大门或许可以帮你找到答案。"

费小罗这次并没有急着开始新的哲学之旅，反而盯着哲学小屋中间的桌子出神。那里九盏灯已经点亮了八盏。

"索菲，只剩下最后一盏智慧之灯了。"

索菲也愣了愣："嗯，时间过得好快啊。"

"如果九盏灯都点亮了，会怎么样呢？"他问出了一直以来自己都十分好奇的问题。

"你还记得我之前跟你说过，这个哲学系统就像一场游戏。每一盏灯就代表一个游戏任务，每完成一个任务，就会点亮一盏灯，而九盏灯都点亮了，就代表着游戏通关了。这是值得恭喜的事情。"

费小罗想起第一次跟索菲进入哲学世界的时候，索菲的确是用游戏来形容哲学世界的旅行的。它说自己是一只有特殊能力的哲学猫，只要通过眼神的接触就可以带他进入哲学世界，就像通过账号登录游戏，而索菲就是他的账号。

如果一个游戏通关了，就代表着游戏结束了，那么游戏的账号呢？还有用吗？想到这里，费小罗心里泛起一阵又一阵无法描述的焦躁。

索菲没有给他继续想下去的机会，拉着他走进大门之中。

（4）

大门的后面，依然是熟悉的古希腊的景象。

"怎么又是古希腊？我们是不是来得太频繁了？这已经是第五次了。"费小罗说着还伸出五根手指以表达自己的惊讶。

"这很正常呀。"索菲一脸理所当然，"哲学就是从古希腊诞生的，而'哲学'这个词也是从古希腊语翻译而来的，意思是'爱智慧'或'对智慧的爱'。"

原来在哲学的世界里，古希腊是这么重要的地方。

"哦，对了，世界上的第一位哲学家也是古希腊人，名叫泰勒斯。泰勒斯认为整个大地是漂浮在水上的，而万物都要靠水分滋养，所以水是万物的本原。"索菲补充道。

费小罗震惊得下巴都要掉出来："水怎么可能是万物的本原呢？得出这么可笑而幼稚的观点，也能算是哲学家吗？"

索菲摇了摇尾巴："要知道，泰勒斯是生活在距今两千六百多年以前的人，当时人们对自然的认识很有限。虽然泰勒斯的观点现在听起来很朴素很幼稚，但他却是最早对自然、对世界进行哲学思考的人，这一点是很了不起的。"

费小罗有些似懂非懂："所以我们这次是要拜访泰勒斯吗？"

"当然不是。泰勒斯思考的是世界与自然，而我们要拜访的这位哲学家叫伊壁鸠鲁，他思考的则是人本身的快乐与幸福，正是你想知道的问题。"

没多久，索菲带他来到了一座看上去像学校的建筑外，一人一猫刚准备走进去，就被一位路人喊住了。

"少年啊，你这是要进伊壁鸠鲁那家伙的学校里吗？我劝你还是别进去了，这可不是什么正经的地方。"

"为什么？"还没进去就被阻止，费小罗感到十分疑惑。

"你没听说吗？别人开设的学校都是教人智慧与辩论，而伊壁鸠鲁的这所学校却要研究快乐。这一听就不正经。我听别人说，这里面的人为了追求快乐，每天会举办十场宴会，夜夜笙歌，而且这里什么学生都招收，据说还有奴隶！简直是不成体统。"

路人还想继续说什么，但突然噤了声，他神色紧张地盯着学校的某处。费小罗顺着他的眼神看去，发现一个人正朝他们走来。那人和他见过的大多数古希腊人一样，穿着浅色的长袍，有着卷曲的头发和胡须，唯一特别的是这人有一双鹰一般的眼睛，神采锐利。

"那就是伊壁鸠鲁！"索菲小声提醒。

路人见自己吐槽的对象出现了，便匆匆离去。他离去前也不忘劝解费小罗赶紧离开，见费小罗不为所动，还一脸遗憾地感慨又一名年轻人要就此沦陷了。

　　伊壁鸠鲁看了看费小罗，又看了看刚刚离去的路人，忍不住笑出来："请你不要见怪，我的邻居们似乎并不理解我的研究。我的确是在研究快乐，但我的研究是严肃的，并非他讲得那般'不成体统'。"

　　似乎是想要打消费小罗的疑虑，伊壁鸠鲁带着他认真参观了整个学院。费小罗震惊地发现，这位哲学家不仅不像传言中那般只图享乐，甚至可以说是正好相反，他过得十分节制，每顿饭只有面包、蔬菜和橄榄，就连奶酪都算是奢侈品，更别说什么夜夜笙歌了。

他其实猜到了，那位路人对伊壁鸠鲁的偏见有夸张的成分，只是没想到会夸张得这么离谱。

"伊壁鸠鲁先生，您为什么要研究快乐呢？"

"因为在我看来，人生最重要的价值就是快乐。而快乐与幸福是相等同的，其他任何事都不应该阻碍人们实现自身的快乐与幸福。"

"既然快乐这么重要，那为什么那位路人先生却觉得您研究快乐是不正经的呢？"

伊壁鸠鲁露出一丝无奈："他们将我的快乐哲学误会为享乐主义，觉得我每天都只是在追求身体上的享乐和欲望的满足，自然觉得很不正经，那些谣言也因此而来。"

（5）

"可是，身体上的享乐和欲望的满足不也是快乐吗？"费小罗问。

"是的，但快乐有很多种，虽然每一种快乐对人们都很有吸引力，然而并不是每一种快乐都值得选择。我将快乐分为'动态的快乐'和'静态的快乐'。其中，欲望的要求和满足就属于动态的快乐，比如声望、权力、金钱等等，这些东西虽然会带给你快乐，但你一旦拥有，它们的价值就会很快消失，你会因此感到无聊，然后就会追求更大的声望和权力，更多的财富，等等，你会变得贪得无厌，根本无法享受到内心的平静。所以，动态的快乐并不值得选择。"

其实伊壁鸠鲁说的这一点，跟索菲之前反驳"权力与财富能给人带来快乐"时的观点几乎是一样的。

"那静态的快乐呢？"费小罗忍不住追问。

"静态的快乐，就是我们应该追求的真正的快乐——身体的无痛苦和灵魂的无纷扰。说得更直白一些，就是身体健康、心灵宁静。这两方面也常常是互相影响的，比如身体痛苦的话，你的心灵也很难达到宁静；相反，心灵不宁静，身体健康也会受到影响。"

"要怎么做才能达到这种静态的快乐呢？"

"要达到身体的无痛苦，就要过有节制的生活，不可以暴饮暴食，不可以过度享乐，要劳逸结合才能让身体处在舒服的状态，这也是我在学院里坚持简单饮食的原因。这其实还是比较容易做到的，而要达到灵魂的无纷扰就比较难了。灵魂的无纷扰，其实也就是要心灵宁静。一个人想要心灵宁静，就要克服各种各样的恐惧，比如对死亡的恐惧，对与他人关系不和谐的恐惧，等等。但这些恐惧往往是人们最难克服的，而一旦克服了，心灵便能获得宁静。"

死亡和与他人的关系？费小罗感到很意外，这些恰巧都是他之前哲学之旅的主题。不得不承认，虽然他已经点亮了关于死亡和与他人关系的智慧之灯，但要说完全克服了对这两者的恐惧，还有很漫长的路要走。

"看来要获得真正的快乐并不是一件容易的事。"

"是的。正因如此，我才会开设学院，专门研究关于快乐的哲学。"

他们一边谈话一边漫步在学院中，不一会儿，他们走进一处看起来很有生活气息的大院子里。这里住着许多人，有的人在清扫，有的人在打理花园，还有些人在阅读……每个人经过他们时，都热情地跟伊壁鸠鲁打招呼，有时，伊壁鸠鲁也会停下来与这些人闲聊几句。

　　"这些人也是您的学生吗？"

　　"不是，他们是我的朋友。我买下了这所大房子，然后邀请了我所有志同道合的好朋友一起住在这里。"

"和好朋友住在一起？这也太酷了吧！"

伊壁鸠鲁笑起来，鹰一般锐利的眼神瞬间缓和了不少："你知道吗少年，在确保终身幸福的所有努力中，最重要的就是友谊。一个人的生活中可以没有爱情，但不能没有友谊。如果没有友谊，那么就很难确保持久的快乐。朋友的存在可以让我们更清楚地认识自己，朋友的理解与关心，也可以给予我们力量，让我们不至于陷入麻木不仁之中。总而言之，一群真正的朋友可以带给我们的东西，是其他任何东西都替代不了的。"

伊壁鸠鲁眉飞色舞地说个不停。费小罗则在心里暗暗赞叹，一位哲学家在提出自己的理论后，亲自实践并且按照自己的理论来生活，可真令人佩服。

"伊壁鸠鲁先生，既然您研究了这么久快乐，还亲自实践，您是不是已经过得很快乐了呢？"

伊壁鸠鲁摸了摸自己的胡子："我也一直在追问自己这个问题。只能说由于我的研究和朋友的陪伴，我已经比大部分人都要快乐了。但即便如此，我也不敢说自己完全达到了身体的无痛苦和灵魂的无纷扰，所以我对快乐的研究还会持续很久，很可能是一辈子。"

竟然需要那么久！

费小罗叹气："我还以为快乐很简单呢，没想到其实是一件很难的事情，也难怪这个世界上有那么多不快乐的人。"

"这大概是因为人类并不擅长让自己快乐吧。"伊壁鸠鲁若有所思。接着他指向院子中一扇隐秘的门说道，"如果你们要离开的话，请走这扇门。这是我这里的后门，别看不起眼，却是一扇'快乐之门'，希望可以帮到你。噢，对了，不论看到什么，只需一直往上走就可以了。"

（6）

伊壁鸠鲁的话引起了费小罗的好奇心。快乐之门，听起来很美妙，费小罗想象着门后面的景象，说不定这是一扇通往游乐场的大门。

事实证明是他想多了，大门后面什么都没有，昏

暗的光线下只有一部孤零
零的电梯。走进去后，他
发现这电梯一共有三层，
但没有楼层按钮，只有向
上和向下两个按钮。怪不
得伊壁鸠鲁先生最后会叮嘱
他们一直向上走，原来说的
是这个意思。费小罗一边想
一边按下了向上的按钮。

　　电梯缓缓升起，没多久
就停下了，电梯门应声而开。门那边，一个神情忧郁
的男人正盯着一个山坡出神。

　　山坡上有一个巨人正推着一块比他大十几倍的石
头，艰难地沿着山坡向上走，不知道花了多长时间，
终于将巨石推到了山顶，但巨人还没有来得及休息一
下，巨石就骨碌骨碌地滚了下去。巨人看了一眼，又
重新把石头向上推，但每次一到山顶，石头就会像之
前一样滚下去，前功尽弃。

　　"这个巨人在干什么？"费小罗忍不住问。

一直盯着山坡出神的人回答："他叫西西弗斯，他因为惹怒了众神而被惩罚在此不断地推巨石上山又不断地看着巨石滚落下去，循环往复，没有尽头。"

"那他活得可真痛苦。"费小罗感慨完，又看向男子，"请问您为什么一直盯着这位可怜的巨人？是在监督他吗？"

"忘了自我介绍，我叫加缪，是一位哲学家。"加缪说完继续看向巨人西西弗斯，"我在这里是为了要感受他的快乐。"

"快乐？"费小罗揉了揉眼睛，怎么看都觉得巨人西西弗斯过得只有痛苦，没有快乐。

加缪被他的动作逗笑了："表面看起来他的确很不幸，一遍一遍重复繁重而无结果的劳动，但这不正是我们每个人的生活吗？大家都在重复过日子，辛苦却毫无意义！很多人因此陷入空虚，觉得痛苦，感受不到快乐。但西西弗斯给我们做了很好的榜样，他只是在全身心地去完成一件事，每当他决定再一次推动巨石往山顶走去的时候，他都是在蔑视众神带给他的惩罚，他没有哀叹命运的不公，而在努力创造自己的生活，创造自己的价值，所以他是幸福的、快乐的。"说完，加缪继续盯着山坡出神。

这位加缪先生似乎想要从不快乐的人生中重新发现快乐，这听起来很不容易。费小罗和索菲识趣地回到电梯里，继续按下向上的按钮。

到达第二层，电梯门又打开了，门外是优美的湖光山色。一个三十来岁的男人腰上别着一把斧头，在湖边悠闲地垂钓。

男人看见他们，十分友好地打招呼："欢迎来到瓦尔登湖。"

男人自称梭罗，是一位作家。他几个月前离开城市，独自一人来到瓦尔登湖附近生活，他自己动手在湖边的山林间建造了一座小木屋，还开垦荒地，种植粮食，在这里过着日出而作日落而息的生活。

"你知道吗？在这里建一个家只需要花费 28.125 美元，0.27 美元就可以维持一周的生活开销。所以一年五十二周，我只需要工作六周就可以赚足一年的生活费，剩余的四十六周完全属于我自己，我可以安静写作，也可以感受大自然，做任何自己想做的事情。"

"您看上去很开心很幸福。"费小罗发自肺腑地说。

梭罗点点头："来这里之前，我的生活在琐碎之中被消耗掉了，我却并没有得到真正的幸福，甚至忘掉了生活的真正目的。来到瓦尔登湖之后，我才发现简单的生活可以带来无法想象的生活乐趣，我的每一个毛孔都浸润着喜悦。如果世人都自己亲手制造他们自己住的房子，又简单老实地用食物养活自己和家人，就像那些飞禽走兽一样，每天愉快地唱歌跳舞，那么，世界将会充满快乐。"

费小罗环顾四周:"既然在这里生活这么快乐幸福,为什么只有您一个人来呢?"

梭罗感叹:"因为在这里只能过着最朴素、最简单的生活。大部分人还是更沉迷于商业社会带来的刺激与享乐,这让人盲目,也让人活得匆忙。"

的确,没有几个人愿意放下已经拥有的一切,只身一人来到山林间生活。他们可能还没来得及感受到梭罗的快乐,就会被吓跑。在参观完瓦尔登湖的悠闲生活后,他们告别了梭罗,重新进入电梯。

终于到达了第三层,这也是电梯的最后一层。

(7)

第三层打开后,费小罗愣住了,他们正面对着一条繁忙的马路,声音喧嚣,川流不息。

"小心点,到这边来。"一位老者喊住他们。

费小罗寻着声音望过去,只见说话的人满头银发,西装革履，右手指尖捏着黑色的烟斗，一派绅士模样。他介绍自己叫罗素，是一位哲学家。

"罗素先生，您是在散步吗？"

"当然不是。相比于繁忙的街头，我更喜欢在幽静的小巷子散步。我来这里是为了找到人们不幸福的原因。"

街头能有什么不幸福的原因？费小罗也好奇地四处打量，却什么都没有发现。

罗素看出了他的疑惑，伸手指着路边的某处。费小罗顺着他指的方向，看到一位卖艺者，那人正在弹着吉他，一只橘色的猫趴在他的肩头："他的猫很可

爱，吉他弹得也很动听。"

"我不是让你看那位卖艺者，而是看那些匆匆经过的上班族。你能从这些人脸上看到焦虑、紧张、消化不良、挣扎和兴趣淡漠。他们对周围的一切都视而不见，明明那位卖艺者的琴声和猫都那么令人愉悦，却没有一个人停下来驻足欣赏。过分的竞争心与焦虑让他们行色匆匆、拼命工作，直到永远失去了快乐。"

费小罗想到了熬夜加班的小姨。

"我也总听大人们说，工作常常让人不快乐。"

罗素笑着摇摇头："让人不快乐的并不是工作。相反，一份合适的、可以发挥自身才能的工作可以给人带来成就感和幸福。真正让人感到痛苦的是工作中的竞争心、嫉妒心和精神疲劳。比如说嫉妒心，它是阻碍人们获得幸福快乐的绊脚石。一个拥有嫉妒心的人会发现，钱总是赚得不够，因为总有人赚得比他多。就算他已经获得了某些成就，也无法快乐，因为他总会忍不住想，别人的成就比他更大。这样的人永远也不会快乐。"

听完罗素先生的话，费小罗突然想到，妈妈总是让他不停地学习，会不会也跟嫉妒心有关呢？因为妈妈总是下意识地将他跟同桌林丽相比较，林丽学习那么好，相较之下他怎么努力都是不够的，所以妈妈才总是对他的学习感到很焦虑，恨不得让他把所有的时间都用来学习。

想到这里，他唉声叹气起来："唉，我们小孩子不用工作也不快乐啊。"

罗素听完便拉着他走到了一处儿童商店前，里面摆设着大量的玩具、零食等等，在灯光的映衬下，这些东西好看得让人眼花缭乱。

"现在的小孩不快乐的原因，可能正是因为他们太容易获得快乐了。瞧瞧这些商店里的东西，很多父母会一股脑儿地买回家。他们的孩子根本不需要付出任何的体力劳动和创造力，就能从这些游戏和玩具中获得快乐的刺激，生活也很快被这些东西占满。时间长了，他们根本无法忍受平淡与单调，只会不断地追求新的刺激。但其实，学会和单调的生活共处是相当重要的。"

"为什么单调的生活很重要呢？"

"因为人生大多数时候都是平淡的。而且在成就一件事情之前，忍受单调是必须的。比如，你想要成为一名建筑师，那么在你获得设计建筑的能力之前，你就必须忍受单调的学习生活，如果你无法忍受，总是被其他事物分心，那么你可能永远也成不了一名建筑师。"

费小罗有种恍然大悟的感觉。被罗素先生这么一说，他似乎觉得学习也没那么令人痛苦了。学习虽然单调，却也可能是土壤，孕育着更大的快乐。

很快，三层电梯之旅都结束了。费小罗和索菲依照伊壁鸠鲁的提示，继续按向上的按钮，这次他们回到了哲学小屋，顺利地点亮了最后一盏智慧之灯。

这可真是一段漫长的旅程。在接收了大量关于快

乐的信息之后，费小罗觉得自己的脑袋开始放空了。而一直喜欢舔毛打理自己的索菲，也累得直接瘫倒在地上，就像一只大海参。

"索菲，我以前觉得快乐和幸福都是很小的事情，比如在很渴的时候喝水，在很饿的时候吃饭，在闲暇的时候胡思乱想，甚至有些时候只是跟爸爸妈妈待在一起什么也不做都会觉得很幸福。所以我以前觉得快乐和幸福是很简单的。"

"那现在呢？"

"现在想想，我所认为的那些快乐和幸福其实都只是一些碎片，就像落在地上的雪花，飘在天边的云，很快就消失了，并不持久。一个人想要度过快乐幸福的一生并不是一件容易的事，甚至可以说很难——你得学会克制欲望，学会单调生活的能力，不能有嫉妒之心和过分的竞争之心，还要处理好人际关系，发展出牢固的友谊，克服恐惧，达到心灵的宁静！这简直就是一场修行啊。也难怪那些哲学家要花那么多时间来研究。"

索菲忍不住笑出来，笑的时候，软乎乎的肥肚腩也跟着抖动起来。

"其实，你没必要遵循每一个哲学家对于快乐生活的建议，你的人生要怎么过得幸福、过得快乐，还是应该向你的内心寻找答案。毕竟你喜欢什么，需要什么，只有你自己知道。"

"万一我找不到答案呢？"

"怎么可能，你可是点亮了九盏智慧之灯的人。我们一起经历了那么多哲学之旅，与哲学家们探讨自我、自由、死亡、与他人的关系、公平与正义等等，这些很多人可能一辈子都不会思考的哲学问题，最后一定都能成为让你快乐和幸福的力量。"

被索菲一说，费小罗瞬间有了自信，他嘿嘿笑起来。

"也是。就算我实在找不到答案，还可以问你啊，对吧？"

费小罗没有得到来自索菲的肯定的回答。它沉默了很久，开口说道："恐怕不行。你看，最后一盏智慧之灯已经点亮了，我的使命结束了，是时候该离开了。"

尾 声

离 别

关于离别，费小罗经历得很少，所以他对于离别的最初感受是微弱的。

一次表哥来他家玩，两个人玩得很开心，时间过得也很快，仿佛只是一眨眼就到了晚上，表哥要走了，费小罗感到很不舍。他看着表哥穿好外套，跟他挥手再见，然后自己一个人坐在客厅看着散落的玩具，心里升起一阵奇怪的感情，不开心，但也说不上多难过，而是空落落的。

"空落落的"就是他对于离别的最初感受，那时他以为离别是暂时的，今天离开的人，明天、后天或者下周还是会见面的。

直到爷爷去世了，他才知道原来有些离别是永不再见。除了那种空落落的感受以外，他又因此对离别

多了一层恐惧与排斥。

"离开？"费小罗对索菲的话感到迷茫，"为什么要离开呢？"

索菲的眼睛格外清澈："我是一只哲学猫，我来到你身边的使命就是为你打开哲学的大门，教会你哲学的思考，现在象征着哲学思考的九盏智慧之灯已经全部点亮了，我的使命完成了，自然应该离开。"

索菲以前说过，这个哲学世界发生的一切就像一场游戏，而它自己就是游戏的账号。现在游戏通关了，所以账号也要收回去了吗？

"你要去哪里？"

"回家，回到哲学星球。我终于可以不用继续吃你们地球的猫粮了，那些长得跟小饼干一样的猫粮，吃久了真的会腻。你应该还记得吧，我们哲学猫是可以直接摄取精神食粮的，所以，回到哲学星球，我就可以畅享豪华的知识套餐了。"

"那我应该为你感到高兴。"说完费小罗低了低头，挤出来的笑容也顷刻间消失，"可是，我现在根本高兴不起来。真是奇怪，我明明已经点亮了象征着快乐的智慧之灯，可是一听到你要离开，我就觉得一点都不快乐。为什么要离开呢？我是不是再也见不到你了？我讨厌离别！"

索菲歪了歪脑袋："可是，我们迟早是会离别的啊。"

"为什么？你如果不离开的话，我们不就可以一直待在一起了？"

"怎么可能呢？你想想，就算我不是哲学猫，不用回到哲学星球，而只是一只普通的宠物猫，那我的寿命最多也只有十几年，到时候我们还是会分离。我不可能一直都陪在你身边，不只是我，你的老师、同学、最好的朋友、最珍视的家人也不会一直都陪在你身边，他们也都只能陪你走过人生中的一段路程。所以，不论怎么看，离别都是一件迟早会发生的事情。"

费小罗愣住了。

他才十二岁，人生刚刚掀开最美好的一页，最好的朋友就在自己小区，爸爸妈妈年轻又健康，离别对于他只是很小很偶然的事件。但如果再过十年、二十年、三十年、四十年呢？他曾经听过妈妈感慨自己十几年未见老同学、老朋友，也在爷爷去世的时候，看见过爸爸和叔叔失去自己父亲时伤心的模样……这一切都仿佛在说明，索菲说的是对的，不论他多么讨厌离别，离别都是一件迟早要发生的事情。

"如果离别是一件迟早要发生的事，那人的一生岂不是一个不断失去的过程，这听起来更令人难过了。"

索菲笑出来："你应该换个角度来思考。离别是不可避免的，但是我们在不断告别的过程中，也在不断遇见新的风景。比如，就算学期结束，你告别了现在的老师、同学，你也会在新学期遇到新的老师和同学；就算你将来离开家，与现在的好朋友生疏了，甚至可能十几年都见不到一面，但你总会结交到新的至交好友；就算将来你的父母老去，永远离开了你，但你那时大概也已成家立业，成了别人的父母。所以，离别看似让你不断地失去，其实也让你不断地遇见，而且正因为品尝了离别的痛苦，你才会懂得珍惜已经拥有的一切。从这个角度来看的话，人的一生就是一个不断收获、不断成熟的过程，这听起来难道不迷人吗？"

费小罗点点头，索菲总是能一句话就点醒他。想到这里，他又忍不住惆怅了起来，告别了这么睿智的索菲，他又能遇见谁呢？

索菲没有立马离开，而是像以前一样，和他一起回到了卧室。回来之后，哲学之旅带来的疲惫感瞬间浮现出来，一人一猫累得直接躺在床上呼呼大睡起来。

你会什么时候离开呢？怎么离开？会有宇宙飞船来接你吗？费小罗入睡前迷迷糊糊地想着，睡醒后一定要好好问问索菲这些问题。

这一觉睡了很久，等费小罗睁开眼的时候，已经是第二天了。他醒来后第一件事就是确认索菲还在不在，直到看见在床脚睡成一团的索菲，他才松了一口气，伸手摸了摸那团胖乎乎的"毛球"。

他一摸，索菲就醒了。

"索菲，你醒啦？我还没问你什么时候离开

呢……"还没等他说完，索菲却像受惊一样，"嗖"的一下跑开了，飞奔出他的房间，蹿进了客厅。

费小罗追过去，结果发现索菲躲在沙发下面的一个小角落里。他蹲下来想问索菲怎么回事，却发现索菲似乎根本听不懂他在说什么，它全身炸毛，冲着他不断哈气。爸爸说过，这是一只猫受到威胁和感到惊恐的时候会出现的反应。

费小罗愣住了。

他有一种不好的预感——真正的索菲可能已经离开了。而自己眼前的，只是拥有索菲外形的普通的猫而已。尽管离别是不可避免的，尽管睿智的索菲看淡了这一切，但是它依然不习惯告别，只是悄悄地离开。

费小罗的预感得到了证实。在接下来的日子里，这只猫再也没有说过话。它就像一只第一次来到他们家的猫一样，对家里的一切都感到陌生，一直躲在沙发下不出来。爸爸妈妈虽然觉得有点奇怪，但想到可能是受到了什么刺激，也就没太放在心上。没用多长时间，这只猫就熟悉了家里的一切，而且跟索菲一样，很喜欢黏着费小罗，喜欢在他的枕头上呼呼睡大觉。

费小罗想起索菲说的话，离别看似让你不断地失去，其实也让你不断地遇见。索菲虽然离开，但他又重新遇到了一只黏人的猫咪。

　　猫咪睡着的时候，姿势、动作、习惯都跟索菲一模一样。费小罗看着看着就会有点恍惚，仿佛索菲只是在待机，或许某天等他醒来，喊它一声，它还会开口回答他——"我叫索菲，是一只哲学猫，喵。"

后记　哲学的财富

　　我打小有过两个关于职业的梦想。

　　第一个是当一名科学家。小时候特别喜欢看星星，当时语文课本有一篇课文——《数星星的孩子》，是讲东汉著名的科学家张衡的故事。我看了后激动得不得了，因为我和小时候的张衡一样喜欢数星星，张衡长大后成了一名了不起的科学家，于是我想我应该也能像他一样做一名科学家。但是很快我就发现，想要成为一名科学家，并不是只会数星星就可以的。而且最重要的是，我越来越喜欢文科，与科学家的道路越走越远，于是第一个梦想就破灭了。

　　第二个是当一名作家。我很喜欢故事，不仅喜欢听，还喜欢写，总是编一些奇奇怪怪的故事讲给朋友们听。小学时有次作文比赛拿了很好的名次，我写的作文被当作模板印成了很多份发给同学们看。这件小事瞬间点燃了我的第二个梦想——当个作家，既能写故事给别人读，还能赚钱，这实在是太棒了！小时候的梦想就像一颗种子，埋在心里很久，后来大学填报志愿的时候果断选择了文学，但事与愿违，最后阴差阳错地被调剂到了哲学专业。

我记得当时看到"哲学"这两个字的时候，整个人都蒙了。

蒙，也成了我和哲学初次相遇时的感受。蒙完之后心里又涌上一丝难过，因为我完全不知道自己为什么要学哲学，也不知道学了哲学将来能干什么，尤其是，我的作家梦似乎要因此破碎了……那时的我根本不会想到，在多年后的某一天，我不仅如愿地实现了"作家梦"，还写了一本关于哲学的书，也就是现在你手上的这本《哲学猫》。

这是一本写给孩子看的哲学启蒙书。写给孩子看的书应该有趣一些，可是哲学给人的第一印象并不有趣，相反它常常给人一种深奥、晦涩的印象。如果平铺直述地直接讲哲学，别说孩子了，就算是大人也会敬而远之。为此我也苦恼了很久。后来我想既然我从小就喜欢讲故事，那么干脆就用自己擅长的讲故事的方式来写好了！不去直接写那些哲学大道理，也不涉及专业的哲学术语，就只把故事讲好。

这个故事里有很多很多我自己的影子。

故事的主人公费小罗是在遇见哲学猫索菲后，误打误撞地进入了哲学的世界，也就是说他是被迫的。这就像当初被调剂到了哲学专业的我一样，我也是误打误撞地被迫地进入了哲学世界，带着疑惑和不情愿。但是随着在哲学世界的一次次冒险，费小罗逐渐爱上了哲学。这也跟我一样，随着不断了解和学习，我也从那些被晦涩的专业术语包裹着的哲学观点中发现了哲学最本真的魅力和趣味，所以急不可耐地想要写出来告诉更多人。

费小罗最好的朋友胖胖是红绿色盲，也正因为这一点，费小罗开启了第一次的哲学思考。这也是我自己的经历。初中时体检，我第一次知道了自己的好朋友是色盲，她看到的这个世界的颜色跟我是不一样的。当时我们还争论起来，我为她不能看到真实的颜色感到可惜，她有点不高兴，反问我说："你怎么知道你看到的就是真的，说不定我看到的才是真的呢！"

她的反问让我思考了很长时间，我好像的确不能断定我看到的颜色就是真的。都说"眼见为实"，可是我们都是用眼睛看，却看到了不一样的东西。如果眼睛会骗人，那么到底怎么样才算是真实的呢？这个问题困扰了我很多天，最后也没想出答案。很多年后，直到上了大学才知道这已经是哲学思考了。所以，哲学并不遥远也不神秘，它就在生活之中，贴近每一个孩子。

在书里我设计了一只会说话的猫——索菲，它来自哲学星球，胖胖的肚子里都是各种各样的哲学知识，它陪伴费小罗一起经历了各种各样的哲学冒险，并在整个故事里充当了"导师"的角色。在我心里，哲学猫索菲真的是最完美的哲学导师。它虽然知识渊博，却从来不高高在上。它从来不直接给出答案，而是像古希腊哲学家苏格拉底一样耐心地提出疑问，引导费小罗自己思考，还会带着他亲身体验……最重要的是，它是一只可爱的胖猫，就算是满嘴大道理，它也依然是一只可爱的胖猫，没有人能抵抗猫咪的可爱魅力，就连哲学也会跟着可爱起来。

我虽然写了一个哲学的故事，但从头到尾都没有解释"哲学"到底是什么。我自认为解释不了，也没能找到哪个哲学家能用简单的一两句话将哲学完全说明白。如果非要说的话，那我会选择古希腊人对于哲学的理解。哲学的英文是philosophy，philo和sophy两个词都源自古希腊语，在古希腊语中philo代表"爱"，sophy代表"智慧"，那么哲学的本义就是"爱智慧"或"对智慧的爱"，这既简单又很浪漫。

我将philo和sophy也悄悄藏在故事里——故事的主角费小罗就对应着philo，他一直不断思考，不断好奇；哲学猫索菲则对应着sophy，它知识渊博，是智慧的象征。当费小罗遇到索菲，哲学的冒险就开始了，对智慧的无限热爱与追求也就开始了。

有朋友曾经问过我，学哲学到底有什么用。可能拿到这本书的你也会有同样的疑惑。其实这个疑问贯穿了我的整个本科和研究生的生活，因为它既没有让我掌握一门有用的技能，也不能让我在毕业的时候找到很抢手、很赚钱的工作。但它确实给了我两样看不见的"财产"——认识自己和独立思考的能力。每当我在面对选择和困难的时候，它都在背后撑腰，让我不要迷失自己。正如索菲曾经对费小罗说过的那样——这个世界上有很多人一辈子都是浑浑噩噩、得过且过地生活，这样的人只是活着，却从来不去思考，没有理想，没有价值，没有使命感，遇到问题只知道抱怨，却没有办法从中汲取更多智慧，他们的一生就像一天一样短暂。没有哲学思考，一生也就只是这一天，只有形成了独立思考的能力，时间才有意义，人生才能不断向前。

　　我试图将自己从哲学中获得的这些感悟写在这个故事里。费小罗和索菲的哲学冒险从怀疑世界的真假开始，慢慢地发现自我的珍贵，学会如何看待死亡，思考自由、思考公平，思考和他人的关系。这些主题看似抽象，但最后他们面对的其实是最现实的生活，都要回归到同一个主题上——如何过好现在的人生，而这个问题只能自己去探索，没有现成的答案。毕竟哲学教给人的不是既定的道理，而是看待问题的方式

和独立思考的能力，而我也没有能力教授哲学，我只是想给孩子们讲个故事。

蔡志芹

2023 年 11 月

写于苏州

我和费小罗的旅程到这里就结束啦，但是你的哲学冒险才刚刚开始！我俩这一路上匆匆忙忙，遇到了很多有趣的哲学家，但遗憾的是只是遇见，却没能把他们的故事好好地讲给你听。作者本人要比我遗憾一百倍！所以在哲学猫的旅程结束后，她又迫不及待地想"讲述"那些哲学家的故事，这些故事不久就能与你见面，而你也将开启新的哲学冒险！

图书在版编目（CIP）数据

哲学猫：不可思议的哲学旅行 / 蔡志芹著；猫十
六绘. —— 北京：海豚出版社，2024.5（2025.11重印）
ISBN 978-7-5110-6809-5

Ⅰ.①哲… Ⅱ.①蔡… ②猫… Ⅲ.①哲学 – 少儿读
物 Ⅳ.①B-49

中国国家版本馆CIP数据核字（2024）第065229号

哲学猫：不可思议的哲学旅行

蔡志芹 著 猫十六 绘

出 版 人：王 磊
整体策划：郑利强 王昱昱
特约编辑：于惠平 朱凯琳
封面设计：鞠一村
封面绘制：猫十六 张盼盼
版式设计：李 亚
责任编辑：杨文建
责任印制：于浩杰 蔡 丽
法律顾问：北京市君泽君律师事务所 马慧娟 刘爱珍

出 版：海豚出版社
地 址：北京市西城区百万庄大街24号 邮 编：100037
电 话：(010)62829507（销售） (010)68996147（总编室）
传 真：(010)68996147
印 刷：艺堂印刷（天津）有限公司
开 本：32开（889毫米×1194毫米）
印 张：11
字 数：138千
印 数：13001—17000
版 次：2024年5月第1版
印 次：2025年11月第4次印刷
标准书号：ISBN 978-7-5110-6809-5
定 价：59.80元